문학과지성 시인선 394

생각날 때마다 울었다

박형준 시집

문학과지성사

문학과지성사에서 펴낸 박형준의 시집

나는 이제 소멸에 대해서 이야기하련다(1994)

문학과지성 시인선 394
생각날 때마다 울었다

초판 1쇄 발행 2011년 7월 7일
초판 13쇄 발행 2023년 4월 10일

지 은 이 박형준
펴 낸 이 이광호
펴 낸 곳 ㈜문학과지성사
등록번호 제1993-000098호
주   소 04034 서울 마포구 잔다리로7길 18(서교동 377-20)
전   화 02)338-7224
팩   스 02)323-4180(편집) 02)338-7221(영업)
전자우편 moonji@moonji.com
홈페이지 www.moonji.com

ⓒ 박형준, 2011. Printed in Seoul, Korea

ISBN 978-89-320-2212-3 03810

이 책의 판권은 지은이와 ㈜**문학과지성사**에 있습니다.
양측의 서면 동의 없는 무단 전재 및 복제를 금합니다.

지은이는 한국문화예술위원회의 2010년도 문학창작기금을 수혜했습니다.

문학과지성 시인선 394
생각날 때마다 울었다

박형준

2011

시인의 말

내 시는 사람의 편에 서 있을 것이다.
사람의 손길이 닿을수록 윤기 나는 것이 시(詩)이기 때문이다.

내 자신의 작고 소소한 감정,
그것으로 사람과 만나는 시를 묵묵히 쓰고 싶다.

2011년 7월
박형준

생각날 때마다 울었다

차례

시인의 말

제1부 아버지의 죽음에 바치는 노래

황혼 11
시집 12
석산꽃 14
단풍 15
새 16
박쥐 18
백 년 항아리 20
마차 22
가을 이불 23
홍시 24
사경(四更) 26
별식(別食) 29
천장(天葬) 30
서커스 32
가을밤 귀뚜라미 울음 34
우물 36
아침 달 뜨면 37
꼬리조팝나무 38

무덤 사이에서 42
나는 채소 먹으러 하늘나라 가지 46

제2부 책상에 강물을 올려놓고

서시(序詩) 51
휘파람 52
저녁의 눈 54
빙산 56
시체의 악기 58
사랑은 꽃병을 만드는 일이라네 60
눈의 정글 62
뼈 위의 도서관 64
달에 기어간 흔적이 있다 67
개밥바라기 68
미역 건지는 노파 69
밤 시장 70
어린 시절 72
가슴의 환한 고동 외에는 73
책상 74
독음(獨吟) 76
여름밤 78
몽고반점 80
다림질하는 여자 82
절도광 84
계단의 끝―여림을 추억함 86

시 창작 교실 88
손 90
공포를 낚다 91
당신의 팔 96
먹구렁이 98
거미 혈액 100
코끼리 사냥철 101
황제펭귄 104
수문통 2 106
여우비 108
기관차 묘지―수문통 3 110
수문통 4 112
초파일 114
벽지 115
돼지의 속눈썹 116
창문을 떠나며 118
마리나 츠베타예바를 읽는 저녁 120
밤의 스핑크스 122

제3부 남은 빛

빗소리 127
해가 들지 않는 곳에서 빛이 내릴 때 128
강물이 언어로 속삭인다 130
근원 가까이에서 울고 있는 새들 132
가는 비 133

봄 우레 134
투명한 울음 136
부뚜막 137
초승달 138
날개옷 139
시신에 밴 향내 140
피리 142
초록 여관 144
불꽃 145
저녁 빛 146
눈 내리는 새벽 148
시간 두루미 150
아무도 생각하지 않는 곳에서 152
여름의 슬픔 154
공터 155
저녁 밤 156
입술 158
눈썹 159
봄 저녁의 어두운 질주에 관하여 160
고향에 빠지다 162
이슬의 힘 164
술꾼 165
진달래 길 166
봄비 169
웃음 170
커튼처럼 사람을 171

들판의 나무 한 그루 172
타인들의 광선 속에서 173
겨울 아침 174
봄의 숨결 175
사막의 아침 176
생각날 때마다 울었다 178
남은 빛—파울 첼란의 「꽃」에 부쳐 180
발걸음 182
대지에 기도를 올리시는가—최하림 선생님께 183
스케치북 184

해설|숨은 빛—단편영화 「푸르른 운석」(가제) 촬영기 · 강정 186

제1부 아버지의 죽음에 바치는 노래

황혼

아버지 삼우제 끝나고
식구들, 산소에 앉아 밥을 먹는다

저쪽에서 불빛이 보인다
창호지 안쪽에 배어든
호롱불

아버지가 삐걱 문을 열고 나올 것 같다

시집

아버지 돌아가신 날
새 시집이 나왔다
평생 일구던 밭 내려다뵈는 무덤가
관 내려갈 때 던져주었다

관 위에 이는 바람
몇 페이지 후루룩 넘어가고
호롱불 심지 탁탁 튀는 소리
건너편 탱자나무 집
달빛에 낭창낭창 휘던 대나무 밭
대꽃 가슴팍에 안고 와서
무릎에 얹어놓고 살대를 깎던 아버지
벽에 그을린 그림자와 불꽃

신새벽 아버지 머리맡에 놓인
가오리연 한 채
툇마루에서 날리며 나는 울었다
대나무 밭 위로 뜬 연

바람 잦아들어
달그늘 지는 새파란 잎 사이로 떨어지곤 하여

시집은 더 이상 넘겨지지 않았다
가만히 펼쳐진 채 묘혈처럼 깊었다
바람은 잦아든 지 오래라고
손으로 짚으며
그의 대꽃 같은 침묵을 읽어왔다고,

아버지의 손가락
드나들던, 채소밭
밭 흙을 몇 줌 그 위로 뿌려주었다

석산꽃

한 몸 속에서 피어도
잎과 꽃이 만나지 못해
무덤가에 군락을 이룬다

당신이 죽고 난 뒤
핏줄이 푸른 이유를 알 것 같다
초가을
당신의 무덤가에 석산꽃이 가득 피어 있다
─나는 핏줄처럼
당신의 몸에서 나온 잎사귀

죽어서도 당신은
붉디붉은 잇몸으로 나를 먹여 살린다
석산꽃 하염없이 꺾는다
꽃다발을 만들어주려고
꽃이 된 당신을 만나려고

단풍

 바람과 서리에 속을 다 내주고 물들 대로 물들어 있다 무덤을 지키고 선 나무 한 그루, 저녁 햇살에 빛나며 단풍잎을 떨어뜨린다 자식도 덮어주지 못한 이 불을, 속에 것 다 비워 덮어준다 무덤 아래 밭이 있다 아무도 돌보는 이 없는데 종아리에 불끈 일어선 정맥처럼 혼자 자라 시퍼렇게 빛나는 무 잎사귀

새

그가 죽은 뒤
새로 문을 발라
뜰찔레꽃 곁에
기대놓자,
창호지에 비친 새 날아간다

너덜너덜한 창호지
뜯어내자, 침묵이 홀가분하게
바람에 떠오른다
들일을 끝내고 돌아오면
창호지만 바라보던 그가,
문지방에서 문지방으로
맴돌던 그가,
줄기에서 줄기로 넘나들며
마당의 꽃자리 흔들다가
저녁연기 타고 날아간다

뜰찔레꽃 곁에

저녁 향기 퍼지며
자신의 인생을 축약한 듯
마당의 하늘 위
고통이 날아간다

박쥐

처마 귀퉁이에 꼼짝 않고
매달린 날짐승.
땅바닥에 하얀 아랫배를 스칠 듯 날며
날쌔게 그늘 꿰어가는
검은 실 한 오라기 쉬고 있다.

제비는 언제부터
빈집이 된 처마에 매달려
잠을 자는지.

시골집 툇마루에 누워
노대(露臺) 바라본다.
그늘과 그늘을 꿰어
날쌘 윤무로 집을 짓던 제비.

왜 저러고 있는지
물끄러미
처마 밑을 바라볼 때

하얀 이를 드러내고
빗물에 젖은 검은 우산처럼
날개를 활짝 펴는 박쥐.

아버지 기일
집을 옥죄어 바스러뜨릴 듯
사방에 가득한 풀 더미들 베다
툇마루에 쓰러져 잠이 든 밤.

지붕의 풀 웃자란 썩은 기와
세찬 비에 떨어지는 땡감처럼
아직도 새파란 마당의 풀 더미에
떨어지는 밤.

제비처럼 윤무가 자연스럽지 못하지만
박쥐가, 지붕 숭숭 뚫린 고독한 집에
이윽고 울음을 한번 쏟아주고 있다.

백 년 항아리

백 년 항아리 속에 들어가보네
할머니로부터 어머니에게로 내려온
속이 깊고 넓은 항아리 하나
외양간에서 목욕을 하며
우둘투둘한 어머니의 허리 같은
몸속에 들어가보네
알몸으로 아버지처럼 들어가보네
외양간 틈 사이로 비치는
장독대 저쪽 맨드라미 두어 송이
항아리는 우세스러워 내 알몸을 뱉어내네
아침 들판을 향해
벼를 스치듯 걷는 걸음걸이,
길과 골목을 옆구리에 붙이고
제 구멍을 찾아가는 왕쥐처럼
저녁에 자기 키보다 높게 짚단을 지고
지평선에 지게를 부리던 아버지
소 외양간 너머로 노을이 타네
지평선에 땔감으로 불을 지르며

자식의 목욕물을 데우네
호박 넝쿨이 새파랗게 외양간을 타 오르는
아버지의 기일,
들에서 돌아와 몸을 씻던
내력의 어둠과 목욕을 하네

마차

조선 국화가 성묘 끝난 무덤에서 시들어가고 있었다
가족들이 서울로 돌아가고 난 뒤에도
나는 신작로를 서성거렸다 첫서리가 내리던 날
신작로에 마차가 지나갔다
다음 날도 다음 날도 지나갔다
그런 뒤
적막 속에서 서리 꺼지는 소리가 듣기 좋았다
마부는 외투를 눈썹까지 끌어올리고
말은 반쯤 눈을 감고 신작로를 끄덕끄덕 지나갔다
꿈속에서
말발굽에 유성이 묻히는 소리
 그 속에서 식구들이 모두 모여 도란도란 이야기를 나누고 있었다

가을 이불

아버지가 죽은 방에서
늙은 어머니가
가을 이불을 꾸민다

서리 내리는 계절
창호지에 드나드는
저녁 그늘 수놓인다

이제 집 마당에
서리는 부풀어
어느 어둠 속에 반짝이며
깔리는지

고향 집
늙은 어머니가 꾸미는
가을 이불 한 채 찬란하다

홍시

뒤뜰에서 홍시가
철퍼덕철퍼덕 떨어지는 밤
아버지 돌아가신 자리에
아버지처럼 누워서 듣는다

얇은 벽 너머
줄 사람도 없는디
왜 자꾸 떨어진데여
힘없는 어머니 음성

아버지처럼
거그, 하고 불러본다
죽었어 묻는 어머니 말에
응 나 죽었어
고개를 끄덕이던

임종 가까운데
자식 오지 않고

뻣뻣한 사지
이불 밖으로 나온 손
가슴에 얹어주던 어머니

큰방에 누워
뒤뜰 홍시처럼 가슴에
둥글게 주먹 말아 쥐고
마을 가로질러 가는
기차 소리 듣는다

사경(四更)

노인은 아내를 거그라고 불렀다
아내가 교인들을 몰고 오면 '거그 거그' 성을 내며
국화꽃 뜨락에 몸을 수그렸고
그 가을의 첫 꽃을 따 문풍지에 발랐다
단풍 고운 백양사 너머 할렐루야기도원
노인은 지금 달빛을 거적처럼 걸쳐 입고
세상에서 제일 느린 기차를 타려고 한다
찬송 책을 무릎에 펴놓고 글자를 떠듬떠듬 외우며
손날에 맺히던 바람으로
허물어진 이랑을 다독이듯 짚어나간다
첫 곡조 외워나가니 '영광 영광 영광'
후렴 소리 어느덧 어슴푸레 새벽하늘 퍼져 흐르고
'강 같은 평화'가 노인의 저린 무릎에 고인다
노인은 4, 5여 리 떨어진 마을을 빠져나와
잡풀로 뒤덮인 초강역 국화꽃 화단에 앉아 있다
꽃은 올해 피었는데
추석 내려온 아이들 발자국은 몇 해 전 것이다
찬송 책이 문풍지처럼 바람에 바르르 떨리고

저녁 국화꽃은 달빛에 차다
고향 사람 반기는 플래카드는 찢겨
날개 다친 왜가리처럼 화단 속에서 푸덕거린다
흰머리는 헝클어져 귀까지 덮었다
들길에 매어져 있는 누런 소 한 마리
동공 같은 가을 달이 떠 있다
백양사역 너머 하늘에 떠오른
저 차고 맑은 메밀 밭뙈기,
노인은 환각 속에서 건너가고 있는지
왜가리의 날개로 몸을 씻듯
플래카드 둘둘 말아 가을밤 견딘다

들길 같은 찬송 책에서 빠져나온 꽃과 새
사경(四更) 속에서 백양사역 쪽 달빛 향해 흘러간다
밤에 사라진 노인이 거그에 의해 발견된 건
초강역, 소 방울 소리 내며 뒤뚱거리던
완행열차가 끊긴 지 1년이 넘은 간이역이었다
노인이 교회가 싫었던 건 글자를 몰라서였다

거그가 죽기 전에 보라고 건네준 찬송 책을 펴놓고
노인은 오지 않는 기차 시간 기다린다
역무원이 흔드는 맑은 종소리 듣는다

별식(別食)

빗속에서 밀가루 떡 냄새가 난다.
창을 활짝 열어둔다.

어린 시절 머리맡에 놓인
밀가루 떡 한 조각.
동구의 밭에서 일하던 아버지가
점심 무렵 돌아와
막내를 위해 만들어주던 밀가루 떡.

누군가의 머리맡에
그런 시 한 편 슬몃 밀어놓은 날 있을까.
골목의 빗속에서
아무 맛도 없이 부풀어가는

천장(天葬)

서울역 지하도, 눈보라 몰아치는 계단 밑.
신발을 머리맡에 가지런히 올려놓고
잠이 든 노인. 이불을 둘둘 말고
천장을 향해 뻣뻣하게 굳은 사족.
작은 미련도 남겨놓지 않겠다는 듯.
물기가 다 빠져버린, 여윈 몸에서 풍기는
저 익숙한 냄새.

아버지에게서 나던 냄새.
동구에 들어서자, 눈길에 밴 얼어 죽은 새,
핏자국. 천장 속에서 쥐들이 달그락대던
고향 집 방. 사흘 지나 돌아온 서울역.
그 지하도 한쪽에 오늘 아버지
임종의 방 펼쳐진다.

계단에서 내려오는
그림자를 먹고 홀쭉해진 노인.
스스로 잡은 묏자리까지 비집고

들어온 눈보라, 서리 조각 만든다.
동굴 벽 새겨진 손자국 같은.

바닥에 누운 노인, 마지막 추억에 빠져
새카만 뺨에 꽃다발 펼쳐 들고 있는데.
뼛가루의 환영, 밖에서 쏟아져 들어오는데.
아버지 나를 기다리다
끝내 한쪽 눈 뜨고 세상을 뜨시고

자정의 도시
죽어가는 몸에서 풍기는 냄새,
아버지 눈 감겨드리는 순간
엄습하던 시장기 되살린다.
노인의 볼에 고개를 수그리고
흠씬 들이마시고 싶은 충동,
동구에 얼어 죽은 새
핏자국 속에서 다시 날아올라
독수리 같은 이 시장기 달래준다면.

서커스

 그날 너는 서커스를 보러 갔다. 키 큰 죽마(竹馬)를 신은 광대들, 언덕을 넘어갔다. 너는 삶 대신 이미지를 택했다. 언덕을 다 넘어갈 무렵, 너는 아버지가 위독하다는 소식을 들었다. 번들번들 금칠을 한 마차, 뿔 나팔을 불며 광대들이 언덕 너머로 뿌옇게 사라졌다.

 너는 아쉬웠지만 슬픔이 해 입을 옷 한 벌을 구하기 위해 언덕을 내려왔다. 상장(喪章)이 달린 검은 양복과 검은 넥타이, 죽음의 예식을 갖추기 위해 너는 양복점에서 네 몸에 맞는 옷을 입고 거울 앞에 서 있었다.

 거울 속에서 죽마를 신은 소년들이 사자와 여인 들을 희롱하는 소리, 울긋불긋한 광대 옷에 넘치는 웃음소리, 아버지의 살이 마르고 뼈들이 뒤틀리는 소리. 열광과 증오가 네 속에서 뒤엉켜 영혼을 파멸시키는 순간까지 너는 이미지의 강렬한 마술에 빠져 멍

하니, 거울 속을 들여다보고 있었다.

 무너져가는 고향 집 담벼락에 금칠을 한 마차가 서 있고 소복을 입은 여인들이 담 너머 무대에서 뭔가 고대하는 눈빛으로 울고 있다. 검은 양복에 검은 넥타이를 맨 너와 눈이 마주쳤다. 이제, 네가 죽마를 신으면 서커스가 시작될 것이다.

가을밤 귀뚜라미 울음

시가 써지지 않아
책상의 컴퓨터를 끄고 방바닥으로 내려와
연필을 깎는다
저녁 해가 넘어가다 말고
창호지에 어른거릴 때면
방문 앞에 앉아서 연필 칼끝으로
발뒤꿈치의 굳은살을 깎아내던
아버지처럼, 그것이 노동의 달콤함이고
그만의 소박한 휴식이었던 그 사람처럼

살아 계실 때 시골에서 쌀과 깻잎을 등에 지고
말씀 한 번 없이 내 반지하 방에 찾아오던 아버지
비좁은 방바닥에 엎드려 시를 쓰는 아들을 위해
벽을 사이에 둔 것처럼 돌아앉아
버릇처럼 발바닥의 굳은살을 떼어내던 사람
시가 써지지 않아 고개 들면
어느새 반지하의 창에 어른거리던 저녁 빛이
작고 구부정한 등에 실루엣으로 남아 있고

글씨 그만 쓰고 밥 먹거라
방해될까 봐 돌아앉지 못하고
내 등을 향한 듯한 그 사무치던 음성

밥과 같은 시
영원히 해갈되지 않으면서
겨우 배고픔만 면하게 해주던 시처럼
가을밤 귀뚜라미 울음
이제는 무디고 무디어진 연필심에서 저미어 나온다

우물

화장실 문 열자
보아뱀이 똬리를 틀고 있다

똬리 안에
우물 반짝인다

우물 속 소년 하나 떠올라 있다
지게를 지고 있다

아버지를 동구 밭둑에 모시고
서울에 돌아온 날

창문이 그대로 열려 있다
달에 회오리 인다

아침 달 뜨면

월요일 아침마다 기차 창문으로
문안을 올립니다
돌아가실 때까지 시간 강사가
뭔지 몰랐던 아버지
대학 졸업 때 사진 찍고
그 뒤로 없었는데
액자처럼 창문에 들어옵니다

지평에 손톱 박고 진액을 쏟아버린 구십
기차 좌석에서 몸을 돌려
아버지 무덤 있던 자리
바라보면, 종강 날
이마에 서리 묻은 기러기같이*
아침 달이 따라옵니다

* 미당의 시 「풀리는 漢江가에서」의 "서리묻은 섯달의 기럭이같이"에서 차용.

꼬리조팝나무

강물을 바라보며
아버지의 여자가 머리를 빗네
난 침목을 밟으며 건너가지
젊은 날의 아버지가 자전거를 끌고
강물 위를 건너 집으로 돌아가지
자전거 바퀴살에서 은빛 물살이 흘러가고
난 기적(汽笛)이 우는 소리를 듣네
아버지가 고개를 돌리자
여자가 강물에 빗을 떨어뜨리네
자전거가 강물에 꽂혀 있고
아버지는 자전거를 떠나며
허공을 몇 걸음 밟고 있네
난 젊은 아버지처럼 고개를 뒤로 돌리네
강물 아래로 여자가 빠뜨린 빗이
푸른 물살의 침묵을 빗어 내리고 있네
읍내에서 집으로 가려면
강물을 건너야 한다네
난 읍내로 가기 위해 신작로 대신

철길의 껌 종이를 주우며 걸었지
치약 먹은 듯 화한 여자들이 접혀 있는
껌 종이 속에서 서울로 가는 기차 소리를 맡으며 자랐지
이제 난 철길의 침목을 밟으며
아버지의 무덤을 향해 돌아간다네
강물에서 돌아온 아버지는
단 한 번도 그 일을 입 밖에 꺼내지 않았네
거동을 하게 되자
싸리빗자루로 마당을 쓸기만 하였네
아침마다 빗살 무늬 토기 같은 무늬가 집에 새겨지고
마을 입구 자신의 밭에 가서
허리를 수그리고 일을 하였지
아버지가 마당에 남겼던 빗살 무늬 자국은
밭에서 자랐지 여자가 빗어 넘긴 푸른 물살이 넘실거렸지
광에 거꾸로 처박힌 부서진 자전거 바퀴가

가끔 바람에 허공을 몇 걸음 밟아나간 날도 있었지
수그린 허리가 더 펴지지 않게 된 날
아버지는 드디어 침묵에서 놓여나 밭가에 무덤이 되었네
그 뒤로 누구도 아버지의 노동에 손대지 않았네
아지랑이와 풀씨로 뒤덮인 밭은 점점 형체를 잃어갔고
난 집을 떠났던 대로 철길을 다시 걸어와
천하루 밤이 흘러 아버지의 무덤에 돌아왔지
아버지는 죽어서 동산을 가졌다네
고개를 돌려 밭을 바라보자
기모노를 입은 듯
꼬리조팝나무가 밭가에 가득 넘실거리네
난 신작로 대신 레일 같은 강물 위를
자전거를 타고 미끄러져 도망치네
젊은 아버지의 단 하룻밤 꿈을 꾸네
아지랑이 가물거리는 강물 아래로
여자가 기적처럼 물결에 발목을 적시네

손에 쥔 빗으로
서녘을 빗어 내리고 있네
저무는 밭에 기모노가 흔들리네
분홍 하늘에 여자가 떨어뜨린 빗이 떠가네

무덤 사이에서

　내가 들판의 꽃을 찾으러 나갔을 때는
　첫서리가 내렸고, 아직 인간의 언어를 몰랐을 때였다.
　추수 끝난 들녘의 목울음이
　하늘에서 먼 기러기의 항해로 이어지고 있었고
　서리에 얼어붙은 이삭들 그늘 밑에서
　별 가득한 하늘 풍경보다 더 반짝이는 경이가
　상처에 찔리며 부드러운 잠을 자고 있었다.
　나는 거기서 내가 날려 보낸 생의 화살들을 줍곤 했었다.
　내가 인간의 언어를 몰랐을 때
　영혼의 풍경들은 심연조차도 푸르게 살아서
　우물의 지하수에 떠 있는 별빛 같았다.
　청춘의 불빛들로 이루어진 은하수를 건지러
　자주 우물 밑바닥으로 내려가곤 하였다.
　겨울이 되면, 얼어붙은 우물의 얼음 속으로 내려갈수록 피는 뜨거워졌다.
　땅속 깊은 어둠 속에서 뿌리들이

잠에서 깨어나듯이, 얼음 속의 피는
신성함의 꽃다발을 엮을 정신의 꽃씨들로 실핏줄과 같이 흘렀다.
지금 나는 그 징표를 찾기 위해
벌거벗은 들판을 걷고 있다.
논과 밭 사이에 있는 우리나라 무덤들은 매혹적이다.
죽음을 격리시키지 않고 삶을 껴안고 있기에,
둥글고 따스하게 노동에 지친 사람들의 영혼을 껴안고 있다.
그렇기에 우리나라 봉분들은 밥그릇을 닮았다.
조상들은 죽어서 산 사람들을 먹여 살릴 밥을 한 상 차려놓은 것인가.
내가 찾아 헤매고 다니는 꽃과 같이 무덤이 있는 들녘,
산 자와 죽은 자가 연결되어 있는
밥공기와 같은 삶의 정신,
푸르고 푸른 무덤이 저 들판에 나 있다.

찬 서리가 내릴수록 그 속에서 잎사귀들이 더 푸르듯이,
내가 아직 인간의 언어를 몰랐을 때 나를 감싸던 신성함이
밭 가운데 숨 쉬고 있다.
어린아이들 부산을 떨며 물가와 같은 기슭에서 놀고
농부들이 밭에서 일하다가 새참을 먹으며
죽은 조상들과 후손의 이야기를 나누던 저 무덤,
그들과 같이 노래하고 탄식하던 그 자취를 따라
내 생이 제 스스로를 삼키는 이 심연 속으로 천천히 걸어 내려간다.
겨울이 되면, 저 밭가의 무덤 사이에 누워
봉분들 사이로 얼마나 밝은 잠이 흘러가는지
아늑한 그 추위들을 엮어 정신의 꽃다발을
무한한 죽음에 바치리라.
나는 심연들을 환하게 밝히는 한순간의 정적 속에서
수많은 영혼들로 이루어진 은하수를 보게 될 것이다.
내가 아직 어린아이였을 때 내려다보던 지하수의

푸른빛을,
  추위 속에서 딴딴해진 그 꽃을 캐서
  나는 집으로 돌아가리라.

나는 채소 먹으러 하늘나라 가지

　어느 북미 인디언족 사람들에게 내려오는 말이다. 그들은 하늘나라로 가는 길에는 딸기가 심어져 있다고 말한다. 이들이 죽음을 그렇게 상상하는 것은 주 생업이 딸기를 키워 시장에 내다 팔며 살아가야 하는 탓이다. 삶이 딸기 밭을 일구며 살아가는 일로 이루어져 있으므로 죽음의 길도 딸기 먹으러 가는 길이다. 이 세상의 딸기를 다 먹으면 죽음이 찾아오는 것이고, 그렇게 해서 하늘나라로 가는 길에는 역시 딸기가 심어져 있는 것이다. 아버지의 기일에 시골집을 청소하러 가면서 나는 고속버스 차창 밖을 바라보며 그런 딸기 밭을 떠올려보는 것이다. 이 세상의 딸기를 다 먹으시고 하늘나라 길에 가득 심어진 딸기를 맛보시러 떠나는 저 노인네들처럼 아버지도 세상을 마감하셨다고 믿어보는 것이다. 아버지 하면 떠오르는 것이 잠을 쓰는 소리이다. 유년 시절의 아침은 마당을 쓰는 아버지의 비질 소리로 밝았다. 아침잠의 이마에 물방울이 떨어지듯 시원하면서도 나른한, 마당을 쓰는 아버지의 싸리비질 소리. 아버지는 돌아가시기 전

날까지 동구의 작은 밭을 싸리비로 마당을 쓸듯이 손으로 일구다가 가셨다. 그러니 아버지는 이 세상의 채소를 다 먹고 하늘나라 채소를 맛보러 떠나셨을 것이다. 아버지의 하늘나라 길에는 채소밭이 끝도 없이 펼쳐져 있을 것이다. 밭을 사랑하여 밭 언덕에 모셔진 아버지, 이 세상과 저 세상을 잇는 그 싸리비질 소리.

제2부 책상에 강물을 올려놓고

서시(序詩)

학생 식당 창가에 앉아
늦은 점심을 먹습니다
손대지 않은 광채가
남아 있습니다
꽃 속에 부리를 파묻고 있는 새처럼
눈을 감고
아직 이 세상에 오지 않은
말 속에 손을 집어넣어봅니다
사물은 어느새
광대뼈가 툭 튀어나온 어머니
반짝거리는 외투
나를 감싸고 있는 애인
오래 신어 윤기 나는 신발
느지막이 혼자서 먹는 밥상이 됩니다
죽은 자와도,
아직 태어나지 않은 자와도 만나는 시간
이마에 언어의 꽃가루가 묻은 채
나무 꼭대기 저편으로 해가 지고 있습니다

휘파람

골목에서 신사가 내려온다.
반질반질 윤이 나는 구두에 울퉁불퉁한 바람이 불고
칼 주름이 잡힌 바지,
목 때가 적은 와이셔츠,
촌스럽지만 여전히 빛이 나는 넥타이,
구멍 하나 없는 도톰한 양말,
소매가 얇게 낡은 코트,
자신의 옷 중에서 가장 새 옷을 입은
신사의 환한 주름살이,
골목을 내려간다.
코트 주머니엔 장식 없는 집 열쇠 두 개
나머지 한쪽엔 마지막 코트를 입었을 적에 태운
담배꽁초 하나, 손에 만져지는 순간
담배를 피울 때마다 말리던 연상 애인의
즐거운 웃음이 메어오고
조금 부패된 헤어 왁스를 바른 머리카락이
초겨울 쓸쓸한 골목 바람에 어색하게 날린다.
골목길 아래 펼쳐진 다닥다닥 알록달록 그만그만

하게
　서로 이마를 맞부비고 있는, 넘치는 지붕의 풍광 같은
　누군가 초대한 근사한 저녁 식사를 하러 간다.
　깨진 보도블록을 피해 떨어지는 햇살에
　어깨에서 흘러내리는 가방끈을 올려 메고
　중년의 애착이 담긴 곡조가 없는 휘파람을 분다.
　남자의 눈썹엔 희미한 음표들이 내려앉고
　코트 안주머니 수첩엔 언제 넣어두었는지 모르는
　헤어진 애인의 사진이 바래어가고
　음식점마다 고기 굽는 냄새가 얇은 코트 속으로 배어들어오는
　저 불빛들 밑 간판 사이로 걸음을 재촉한다.

　오늘도 맨밥에 목이 메는
　스스로가 스스로를 초대한 백반의 저녁 식사.

저녁의 눈

어디로도 갈 수 있고
어디로도 갈 수 없는 길,
저녁의 눈 위에서 경련을 하며
죽어가는 새를 보았지

저녁이 되면, 익숙한 비밀들로 꽉 찬 방에서
혼자 서성이다가
먼 곳의 마지막 집처럼 방금 나온 집을 바라보았지

그렇게 집에서 몇 걸음 떼지도 않은
겨울 저녁 길,
쏟아지는 눈발이 그친 지
얼마 되지 않은 듯 발자국도 보이지 않는 길,

저녁의 눈 위에서
죽어가는 새가 경련을 하며
날아가는 시늉을 하고 있었지
움직이지도 못하면서

눈을 얼마나 움켜잡았는지

다리 전체가 의지가 된 새는
더운 김을 올리고 있는 모퉁이는
바람이 불 때마다
은빛으로 멍 들고 있었지

시작도 못 한
이 짧은 저녁 산책 길에서 난
새의 지나온 시간을 본 것인지
저녁의 눈이 어디로 다 가는지

방금 나온 집을 뒤돌아보자
휘파람을 불며 바람에 떨리는
먼 유리창,
소중하지만 이제 감출 것도 없는 비밀들
저녁 어스름 속에서 떠다니고 있다

빙산

당신에게 얼음 정원을 선물하던 밤
바람에 낡은 문짝처럼
빙산이 삐걱거리는 밤

당신에게로 가는 문처럼,
또 하나의 나라가
심연 속으로 내려간다
사원 같은 빙산이
밤바다로 꺼져간다

얼음에 박혀 있는 꽃씨처럼
눈동자 속을 떠다닌다
당신이 훑아준다면
모두 꽃을 피우려만

당신에게 얼음 정원을
선물하는 밤,
눈동자 속에서

별을 핥는 북극곰
유빙을 타고 떠다닌다

빙산이 밤의 수평선에서
침몰하는 소리
거품 이는 말들
밤새 떠밀려와 해안을 씻어낸다
슬픈 사제처럼

시체의 악기

푸른 윤이 나는 침대,
아마천으로 덮여 있는 시체,
나무로 만든 부서진 악기를 입에 물고 있다.

거울은 상상한다.
저것은 하늘을 향해 거침없이 치솟던
푸른 피의 분수로 만든 것,
열정의 쓰디쓴 수액을 모아
심장 박동을 옮겨놓은 것,
표면보다 깊은 저 너머에서 손짓을 하지.

이제 한갓 나무로 만든
바스라지는 추억일 뿐,
마지막 순간 시체는 고대(古代)의 기억으로 되돌아간다.
무덤 파는 인부들이 침대에 밧줄을 묶어
땅 밑에 내린다, 누군가 신호를 한다.
그러자 각자 바구니에 담아두었던 흙을 던진다.

관 위에 흙비를 뿌리며
한 줌의 공포감이 스쳐 지나간
육체적 고통의 경련을 엿본다.

마지막 순간 죽음이 상상한다.
시체의 입에 물린 악기,
죽음이 드나드는 거울*일 뿐.
너도밤나무의 잎처럼 생긴
축제의 두건을 쓰고
시체가 흙비 내리는 거울 속으로 사라진다.

* 장 콕토의 영화 「오르페우스」에서.

사랑은 꽃병을 만드는 일이라네

오솔길에서 나는 기막힌 사랑을 보았지
막 퍼붓던 비가 어느덧 이슬비로 변하고
오솔길은 산책하기 알맞게 젖어 있었지
풀숲에서 거미가 이슬 다리를 놓고 있었지
내 발밑으로 이슬 속 싹 틔운 행성이 구르고
또 구을르고, 그와 함께 무지갯빛 사색은
끝도 없이 둥둥 떠오르고 있었지
그러나 곧 오솔길의 비상(飛翔)은 죽음으로 바뀌었다네
내가 채 몇 걸음을 떼기도 전에
푸드덕대는 소리가 들려왔지
산비둘기가 공중으로 솟구치려는 순간
뱀이 비둘기의 목을 덮쳐버렸다네
끓어오르는 독액을 주체하지 못해
비둘기와 함께 날아오르며
일순간 공중에 똬리를 틀고 있었네
독이 퍼지는 몸은 나른한 듯,
허공에 무지개를 긋고 있었네

혀는 사랑의 말이 되지 못하고
하늘을 원망하며 차갑게 갈라지고
점점 옥죄는 꽃병처럼
그 안에 꽂힌 힘센 날개를
이슬비 내리는 허공에 쳐 받들고 있었네

눈의 정글

태양이 한여름의 연봉(連峰)을 밟으며
새를 날려 보낼 때, 개의 눈에
빙하가 펼쳐진다
개가 죽어가는 마지막 순간
신이 개의 눈동자로 세상을 본다
개가 눈을 깜빡이면
신이 눈을 깜빡인다

한여름에 눈이 펄펄 날린다
한기가 들린 개의 눈동자 속에
눈의 정글이 펼쳐진다
눈발들로 빽빽이 들어찬 숲 속
개는 숨을 몰아쉴 때마다
어둠이 환하게 드러나는 것을 느낀다
자신의 숨소리가
간벌이라도 되는 듯
눈발의 숲을 쳐내며,
눈의 정글 속 초원으로 나아간다

개는 자신의 영혼 속을 달리고
신이 개의 영혼 속을 달린다

눈발이 개의 숨 속에 화르르 탄다
신의 눈동자가 더 빠르게 깜빡인다
도시의 공터, 떠돌이 개가
숨을 거칠게 몰아쉰다
숨결 속 장작불,
몸에서 빠진 털이
도시의 빙하 속을 떠다닌다

뼈 위의 도서관

그가 분신했을 때 나는 도서관에서 책을 읽고 있었다
책 안에서 뼛가루 냄새가 난다
희미해진 활자들,
창문으로 다가가 책을 펼치니
하얗고 거대한 안개가 바람에 휩쓸려 파도친다
그가 분신했을 때 나는 도서관에서 책을 읽고 있었다
활자들이 날아간다,
화장터 위에 세워진 도서관
오랫동안 마음속에 두었던 읽지 못한 책을 3층에서 찾았다
그가 분신했을 때 나는 도서관에 앉아 있었다
책을 펼치니 안개가 바람에 휩쓸려 파도친다
숲 속에서 포클레인이 소나무를 싣고 언덕을 내려오고 있다
밑둥이 새끼줄로 묶인 소나무
낮달이 지워진 자리에서 작은 원숭이들이 춤추며

내려온다

  도서관 창틀을 딛고서 킬킬댄다

  땅에서 바람이 솟구치자 안개가 허공에서 군무(群舞)한다

  이윽고 다시 땅에 떨어지자 포클레인이 쳐든 삽날 안

  창꼬치처럼 서 있는 소나무 허연 뿌리에 매달린다

  포클레인이 언덕에서 기우뚱거린다

  활자는 희미해져서 군데군데 읽을 수가 없다

  도서관 창문에 까맣게 잊힌 활자들이 몰려오고 있다

  뽕짝이 흘러나오는 포클레인,

  그를 위해 나부꼈던 만장(輓章),

  창문에 들러붙는 송진 냄새,

  삽시간에 작은 원숭이들이 포클레인 삽날에 들러붙는다

  삽날 안 눈발에 묻혀 소나무가 부활한 것처럼 보인다

  책 속에서 시신 타는 냄새가 난다

그를 싣고 오르던 화장터 길에 도서관이 세워졌다
뜰에 원숭이들 뼛가루가 쏟아진다

달에 기어간 흔적이 있다

달에 기어간 흔적이 있다
펄럭거리는 잎맥 자국이 있다
대야의 물로 성(性)을 씻는 여인
자신의 아랫도리를 바라본다

거울 속에서 민달팽이가 긴다

녹색 셀로판지로 된
여인숙 출입문 밖에 바다가 와 있다
여인이 사라지고
대야의 물 환하다
쭈그리고 앉아 바라본다
깊어가는 거울 속

개밥바라기

노인은 먹은 것이 없다고 혼잣말을 하다
고개만 돌린 채 창문을 바라본다.
개밥바라기, 오래전에 빠져버린 어금니처럼 반짝
인다.
노인은 시골집에 혼자 버려두고 온 개를 생각한다.
툇마루 밑의 흙을 파내다
배고픔 뉘일 구덩이에 몸을 웅크린 채
앞다리를 모으고 있을 개. 저녁밥 때가 되어도 집
은 조용하다
매일 누워 운신을 못 하는 노인의 침대는
가운데가 푹 꺼져 있다.
초저녁 창문에 먼 데 낑낑대는 소리,
노인은 툇마루 속 구덩이에서 귀를 쫑긋대며
자신의 발소리를 기다리는
배고픈 개의 밥바라기 별을 올려다본다.
까슬한 개의 혓바닥이 금이 간 허리에 느껴진다.
깨진 토기 같은 피부
초저녁 맑은 허기가 핥고 지나간다.

미역 건지는 노파

파도에 떠밀려온 노을을
노파는 바지랑대로 건져낸다
불꽃들이 수평선 너머에서 건너온다
해안을 이리저리 날아다니던 나비 떼가
물결치는 자운영 꽃밭
물길 가득 피어 있는 꽃잎에 내려앉았다가
소용돌이 속으로 빠져든다
지는 놀에 허리가 더 굽어진
노파는 바지랑대로 연신 봄 바다를 휘저으며
제의의 희생물을 건진다
자운영 꽃밭 너머
바다로 나가서 돌아오지 않는 사람,
노인의 저녁 식탁엔 죽은 나비들이 놓여 있다

밤 시장

텅 빈 시장을 밝히는 불빛들 속에서
한 여자가 물건을 사 들고 집으로 간다.
집에 불빛이 켜 있지 않다면
삶은 얼마나 쓸쓸할 것인가.
밤 시장,
얼마나 뜨거운 단어인가!

빈 의자들은 불빛을 받으며
누군가를 기다리고 있다.
밤은 깊어가는데 아무도 오지 않고
빈 의자들은 깜빡거리며 꿈을 꾼다.
밤 시장을 걷다 보면
집에서 누군가 기다리고 있다는
가장 쓸쓸한, 뜨거운 빈 의자들과 만난다.

텅 빈 상점 안을 혼자 밝히고 있는
백열전구 속 필라멘트처럼
집을 향해 오는 이를 위해

불꽃이고 싶다.
삭힐 수만 있다면 인생의 식탁을
풀처럼 연한
그런 불꽃으로 차려야 한다.

어린 시절

저녁을 굶고 지붕에 내리는 빗소리를 듣는다
30촉 전등에 뜰 앞 나무의 풋대추가 비치는데
오는 사람은 없고 오는 비만 있는 저문 집
아궁이에서 저 홀로 타는 장작 소리
설핏 잠이 든 사이 후두둑
초롱초롱한 풋대추 한 대접 지붕에 구르는데
밤비에 글썽이며 빛을 내는 옹기들처럼

가슴의 환한 고동 외에는

가슴의 환한 고동 외에는 들려줄 게 없는
봄 저녁
나는 바람 냄새 나는 머리칼
거리를 질주하는 짐승
짐승 속에 살아 있는 영혼
그늘 속에서 피우는
회양목의 작은 노란 꽃망울이 얼마나 아름다운지
눈꺼풀에 올려논 지구가 물방울 속에서
내 발밑으로 꺼져가는데
하루만 지나도 눈물 냄새는 얼마나 지독한지
우리는 무사했고 꿈속에서도 무사한 거리
질주하는
내 발밑으로 초록의 은밀한 추억들이
자꾸 꺼져가는데

책상

책에는 두 번 다시 발을 담글 수 없어요
나는 책상에 강물을 올려놓고 그저 펼쳐 볼 뿐이에요
내 거처는 공간이 아니라 시간일 뿐

나는 어스름한 빛에 얼룩진 짧은 저녁을 좋아하고
책 모서리에 닿는 작은 바스락거림을 사랑하지요
예언적인 강풍이 창을 때리는 겨울엔
그 반향으로 페이지가 몇 장 넘어가지만
나는 벽에 부딪혀 텅 빈 방 안을 울리는 메아리의 말과
창밖 단풍나무 꼭대기에서 식사를 하고
매일 새롭게 달라지는 거처를 순간 속에 마련할 뿐

죽음이 뻔뻔하게 자신의 얼굴을 하나하나 벗기면서
안을 드러내는 밤중엔
여유롭게 횡단하지요, 나는 어둔 책 속에 발을 담그지 않아요
그저 책상에 흐르는 강물 끝에 손을 적실 수 있을 뿐

책상에 넘치는 강물 위로,
검은 눈의 처녀가 걸어 나오는 시각엔
바람의 냄새가 흘러내리는 머리카락 속에
얼굴을 묻고 태양을 꿈꾸지요

독음(獨吟)

목련꽃이 피어 있는
담장 밑에서
엎어질 듯 앉아서
한 남자가 취해서
치지도 못하는 기타를 튕기고 있다

엽맥까지 이슬을 머금은
봄밤의 단내를 뒤지다
쓰레기통을 가로질러
담장을 넘어
잽싸게 목련꽃 속으로 사라지는
잿빛 고양이

달 아래서
줄 떨어진 기타를
뜯듯 튕겨내며
술의 첫 이슬로 거슬러가는
한 남자의 음(吾)

집 안의 창문들이
어렴풋이 모습을 드러내는 새벽
쓸쓸한 손이 땅에
독음(獨淫)처럼 고독하게
곯아떨어져 있다
목련꽃 송이 몇
쓰레기통 옆에 떨어져 있다

여름밤

저녁이면 늙은 고양이
무릎 위에 올려놓고
살결이 희어지는 꿈을 꾸는 노파들,
자기 무릎에 몸을 둥글게 말고
자기 살 속의 별빛에 취해 잠드는
고양이들과 도무지 분간 안 되는
저 교만한 시간들이여
풀씨들이 하나둘 피어나는
창천(蒼天)의 구멍마다
그녀들의 웃음소리 스며 있지 않은 곳 없다
노파들은 가끔씩 쉴 새 없이 떠들어대는
입을 다물고 자기 무릎에 뉘어논 고양이를 흔들어
졸음에 겨운 눈 속에서 어린이 책 같은 시간을 읽는다
여름밤엔 그녀들의 눈보다
주름살이 더욱 가느스름해진다
자기 몸속에서 풍겨 나는
냄새에 취해

이슬에 가깝게 투명해지는 유령들,
일몰 후에도 사라지지 않는
젖은 태양의 일렁임

몽고반점

세상의 가장 부드러운 엉덩이
깊다란 슬픔을 더듬어
내려온 저 빛은.

창의 거기에
목숨이 짧은
푸른 눈의 잠자리가 떨고 있다.

사방이 담장으로 막힌
가장 낮은 굴에 내려와
비밀 한 자락을
슬쩍 내비치고 사라지는
정오의 빛은.

추운 대양을 건너와
사막에서 여름을 나는 마젤란펭귄처럼
짧은 날개를 겨드랑이에 붙이고
그는 지금 관목 숲에 번지는,

해를 바라보는 중이다.

하루에 한 번 빛이 드는 창
빛을 기다리며 그는 순결해진다.
실핏줄이 가시지 않은
어린 꽃잎처럼
잠시만 투명한 빛이 머무는
정오의 지하 방

모든 자연의 의식 속에서
가장 무죄한 저 멍 자국,
하느님이 가난한 자의 창에
하루에 단 한 번 불어넣는 숨결이다.
푸른 눈의 잠자리가 거기,
아직 눈부시게 떨고 있다.

다림질하는 여자

한순간의 의지에 집중된
그녀의 어깨는 사원처럼 단단하다
식탁에 바랜 꽃무늬 원피스를 펼쳐놓고
그녀는 선명해질 때까지 다리고 다린다
굵어진 손마디 속 우물
여자는 오므라진 꽃을 피운다
우물 속 파문을 기억해내려 꽃을 피운다
동심원의 중심에서
별을 핥는 짐승 한 마리
그녀의 손등에 뛰어오른다
다림질을 하는 방 안에 김이 오른다
여자의 손등에도 꽃들이 피기 시작한다
그녀의 어깨까지 줄기가 뻗어 오른다

식탁에 꽃무늬 원피스를 펼쳐놓고
여자는 다림질을 한다
손등에 새겨진 검버섯
우물 속처럼 깊다
그 속에서 가끔씩 파문이 인다

먼지와 공기까지
그녀는 선명해질 때까지 다리고 다린다
다림질을 하는 방 안에 김이 오른다
혼자 사는 여자는 꽃을 피운다
근육이 꿈틀거릴 때마다
흐릿해진 시간이 곱게 펴진다
밤의 창문에 달이 떠오르면
그녀의 어깨에서 줄기가 뻗어 오르고
짐승이 매달려 논다
뜰에 바람이 지나가고
열매가 익는 밤
여자의 어깨 위에서 짐승이 내려와
까만 눈으로 어둠을 응시한다

보름달이 뜨는 밤엔 달 흔적이 선명해진다
흐릿해진 시간이 펴진다 달에는 우물이 있고
그 속에는 짐승이 까만 눈으로 어둠을 응시한다
가끔씩 더운 김이 달 그늘에 서린다

절도광

눈은 퇴화된 지 오래,
그는 심해에 엎드려 모든 것을 훔쳤다
폭풍이 몰아치는 바닷속, 얼굴엔
심해 물고기 꼬리가 튕기고 간 흔적만이 남았다
내부에서 쉼 없이 빛이 뿜어져 나와
음지식물(陰地植物)이 축축하게 자라는
주름들, 가난의 흔적은 독처럼 감미롭다
훔칠 것이 너무 많아
퇴화되어버린 저 눈
언제나 짙은 연못처럼 하늘을 더듬으며
군중 사이 동전 바구니 내미는 저 손
지팡이로 바닥을 찍으며 재빨리 걸어가는
그를 보라

도시의 저녁 소음 속을 헤집고 가는
발톱을 곧추세운 두더지
어두움의 그늘을 향해 땅을 파헤칠 듯
내리찍는 지팡이

폭풍에 찢길 대로 찢긴 얼굴에서 광선이 뻗어 나오고
침묵으로 다져진 등판, 금세 가시가 곤두선다
둥근 소용돌이가 일어나는 텅 빈 동공으로
그가 쏘아보면, 도시는 환시적(幻視的)인 것이 모든 것—
언제나 하늘에 쳐들린 고개
화염 속을 날아가는 죽음의 세찬 새

계단의 끝
──여림을 추억함

 친구는, 계단의 끝은 벼랑이었다, 라고 말하고 죽었다. 진눈깨비, 휘어진 산길, 순간순간 비명을 지르며 뒤로 미끄러지는 택시. 날은 어두워졌다. 장례식장에 내렸을 때 도로의 가장자리에 몰린 낙엽들은 얼어서 한생의 무늬로 감금되어 있었다.

 늦은 밤에 귀가하면 나는 계단을 올라간다. 계단 밑에는 어둠에 가려진 그림자가 살고 있다. 그림자는 내가 한 계단 한 계단 올라갈 때마다 맑은 빛을 띠며 조금씩 형상을 갖춘다. 한 층을 올라 휘어진 난간을 돌면 차바퀴에 깔려 너덜너덜해진 담비처럼 까만 그림자도 따라 돈다. 푹신푹신해진 털뭉치같이 끌리는 소리를 내며 엉덩이에 바싹 붙어 따라온다. 내가 옥상으로 올라가는 마지막 계단을 밟을 때면, 어느 날은 담비처럼 까만 그림자에서 눈부신 빛이 흘러나와 완전한 형상을 갖추기도 하고, 혹은 형상을 갖추지 못해 고통에 찬 신음 소리를 토하다가 계단 아래로 굴러떨어진다.

어둠 속에서 봄비에 젖은 살구꽃이 현관 유리문에 붙어 있다. 깨진 창의 옹이처럼 여린 빛이 흘러나오는 꽃잎. 실핏줄이 자잘한 작은 상처. 나는 그 작은 틈으로 밀려 들어가듯 계단을 올라간다. 친구는, 계단의 끝은 벼랑이었다, 라고 말하고 죽었다. 그림자는 매번 내 뒤를 따라 계단 끝까지 올라왔다가 아래로 굴러떨어진다. 그림자는 순간 속에 결빙된 비명이거나 환희이다. 운(韻)이 맞는 날은 강렬한 빛으로 완전한 형상을 갖추지만, 그것마저 다시 저 바닥으로 굴러떨어진다.

나는 반지하도 아니고 일 층도 아닌 지층에 산다. 그림자는 매번 계단 끝에 굴러떨어진다. 산비탈에 선 남양주장례식장, 얼어 있는 낙엽, 비 내리는 봄밤 내가 사는 집 현관에 옹이처럼 달라붙은 살구꽃, 그 순간의 이미지로 계단 아래 살고 있다. 그리고 늦은 밤에 귀가하면 나는 그림자와 함께 계단의 끝을 향해 다시 올라간다.

시 창작 교실

1

아침에 일을 나갔다가 오후 서너 시쯤 들어와서 잠을 자곤 한다. 꿈이 세상 참 편하게 사는군 하고 잠을 가볍게 흔들지만, 나는 모로 돌아누우며 꿈에게 거기에도 말할 수 없는 고충이 있어요 하고 아무렇지 않게 대답해준다. 주말을 제외하곤 일주일 내내 시를 가르치려 일어난다. 내가 일하러 다니는 학교들마다 시가 배회하는 교실이 있고, 햇빛 속에서 졸고 있는 학생들이 있다. 나는 창가에 가득한 햇빛을 바라보며 시를 가르친다. 햇빛 속에서 떠도는 말은 투명해져서 유리창을 맴돌다가 유령의 음성처럼 내 자신에게 반향된다. 분명 교실의 창은 닫혀 있는데, 벌 한 마리가 어디서 들어왔는지 음성이 부딪히는 유리창에 머리를 때리다가 부르르 날개를 떨다가 꽃가루를 묻힌다. 나는 꽃가루가 묻은 말이 교실을 웅웅대다 햇빛 같은 잠에 빠진 아이들에게로 떨어지는 것을 본다. 말이 저 고요한 아이들의 맑은 잠 속 날갯죽지의 황홀한 반점(斑點)이 되었으면

2

……하고 고대하는 순간, 나는 내가 집에서 잠을 자고 있음을 매번 꿈에게 들킨다. 시를 가르치고 집에 일찍 돌아온 날은 잠을 잔다. 꿈에게 지금 고향의 옴팍집 뒤란에 있어요 하고 들려주면 호박벌 한 마리가 담장에 길게 드리운 호박꽃 속에 머리를 처박고 날개를 부르르 떤다. 잠 속에서 나는 꿈이 학생들의 눈동자처럼 궁금하다. 꿈은 뒷이야기를 듣지 않고 잠이 삐걱대는 소리를 내면 문을 열고 어디론가 사라진다. 새벽에 나는 홀로 깨어난다. 순간, 겨드랑이 어디쯤에 작고 눈부신 날개가 잘 마른 채 숨겨져 있고 꽃가루가 온통 방 안에 떨어져내린다. 나는 유리창으로 다가가 동네 뒷산 절에서 들려오는 새벽 타종 소리를 기다린다. 멀리서 웅웅대며 새벽 공기가 유리창의 첫 입김을 문지른다.

손

어느 날부터 손이
밤마다 집에 찾아왔다.
손은 그림물감을 개기도 하고
누르기도 하면서
허공에 들어 있는 형상을 이끌어냈다.
언제라도 형체를 새겨낼 수 있다는 듯
인내를 알고 있는 손.
서두르지 않고
허공을 반죽하며
우연을 완성으로 이루어놓은 손.
손의 조형 속에서
내 집은 숨을 쉬었다.
밤마다 노동으로 그을린 손의 깊숙한
골짜기에서 무지개가 솟구쳤다.
생은,
찬란히 죽음을 생각하는
모티프가 되었다.

공포를 낚다

 원한에 사무친 듯, 맹렬한 속도로 내 뒤를 쫓아오는 뱀은 운동장만 했다. 사납게 머리를 곤추세운 뱀대가리는 여럿이었는데, 몸 빛깔이 무당벌레 같았다. 먼지구름이 뱀 뒤로 소금 기둥처럼 솟구쳐 올랐다.
 나는 군용도로를 걷고 있었다. 산비탈을 깎아지른 군용도로에는 나 말고도 여러 사람이 난민처럼 걷고 있었다. 그들은 이미 뱀의 정체를 알기라도 하듯, 서두르지 않고 조용히 작전 도로 위 언덕으로 기어올라갔다. 나는 그들의 행동을 유심히 관찰한 뒤 그대로 따라 했다. 언덕을 기어올라가자 비탈과 비탈 사이를 갈라놓은 방호벽이 나타났다. 두 사람이 간신히 빠져나갈 것 같은 방호벽은 하얗게 빛이 났다. 방호벽 아래 바다가 태곳적 모습대로 출렁이고 있었다.
 어느새 나는 방파제 위를 지나가고 있었다. 사람들은 낚시를 하고 있었는데, 그 속에는 노인도 있었다. 나는 그들이 낚시하는 것을 유심히 바라보았다. 태양이 바다 위에 수차처럼 떨어지면서 붉은빛을 뿜어내고 있었다. 작달막한 키에 수염이 하얀 노인은 내게 낡은 릴낚싯대를 쥐여주면서, "이 낚싯대로 뱀을 잡으시오. 뱀을 끌어당길 수 있을 만큼 줄이 질긴 것이라오"라고 말했다. 하필 노인이 이방인에게 낚싯대를 건네주는지 그때까지 이유를 몰랐다.

나는 거의 건성으로 낚싯줄을 바다에 던졌다. 꿈속인 까닭에 노인은 사라지고 없고, 낚싯밥도 매달지 않은 낚싯대에 금방 신호가 왔다. 낚싯대는 무당뱀을 유혹하는 매력을 지니고 있는지 우주의 전 질량만큼의 무게가 순식간에 낚싯줄을 팽팽하게 잡아당겼다. 나는 온 힘을 다해 릴낚싯줄을 감았다.

그 순간 마음속에 뱀의 형상이 나타나고 그의 말소리가 울려 퍼졌다. "지금도 늦지 않았다." 낮으면서 굵은 목소리는 심연에서 울려 퍼지는 것이 아니라, 심연과 꼭대기가 맞붙은 곳에서 삐져나오는 것처럼 무시무시했다.

나는 차가운 땀을 흘리며 뱀을 끌어올렸다. 이미 공포 역시 수동적으로 변한 탓인지, 또는 내 손에 와 닿는 우주의 힘과 소심한 인간의 손이 팽팽하게 긴장하고 있는 낚싯줄의 흰빛에 매료된 것인지, 나는 경악하면서 릴낚싯줄을 감고 있었다.

그 순간 저음의 목소리가 다시 무겁게 들려왔다. "지금도 늦지 않았다. 나를 돌려보내다오." 나는 갯벌을 주시하고 있었다. 진득진득하고 부드러운 갯벌 위로 빛은 추락한 작은 새의 날개처럼 마지막 힘을 다해 파닥이고 있었다.

뱀은 거의 갯벌 위까지 끌려왔다. 그 순간 세번째로 음성이 울려 퍼졌다. 원한에 사무친 낮고 긴 울림이 영원까지 끔찍하게 파고들었다. "나는 다시 바다로 돌아가리라. 상처가 아물면 이 마을을 찾으리라. 그때는 너와 이 마을을 잊지 않겠노라."

그제야 나는 피부를 뚫고 나오는 공포의 정체를 똑똑히 인식할 수 있었다. 나는 인생에서 가장 큰 실수를 저질렀다는 것이 어떤 것을 의미하는 것인지 두 눈으로 확인하고 있었다. 공포를 피해 도망쳐온 행위가, 결국 그 공포를 불러낸 것이다. 생각이 여기에 미치자 낚싯줄은 팽팽한 긴장을 더 이상 견디지 못하고 어이없이 툭 끊어졌다. 뱀의 몸체는 이미 갯벌 위로 반쯤 끌어올려져 있었다.

나는 몸을 떨며 방파제에서 뒷걸음질을 쳤다. 무당벌레 같은 여럿의 뱀 대가리가 사라지면서, 괴물은 사람의 형상대로 거인의 몸을 갯벌 속에서 스르륵 일으켰다. 온몸에 화려한 비단 띠를 두른 반인반사(半人半蛇)가 똑바로 내 눈을 응시했다. 눈에서 솟구쳐 나오는 불꽃이 차갑게 내 몸을 태웠다.

생(生)이란 얼마나 변수가 많은가. 갑자기 아이를 업은 아낙이 방파제에 나타나더니, 지금 자기는 저 바다를 건너가야 할 때라는 것이다. 바다에서 돌아오지 않는 남편과 해후할 시간이라는 것인가. 말릴 새도 없이 아낙은 갯벌 위를 걸어갔다. 뱀은 천천히, 원한에 사무쳐서 애무를 하는 듯 아낙을 유린하기 시작했다. 옷이 찢겨져 나가고 그 사이로 오디 같은 젖꼭지가 벌어져 나왔다. 아낙의 등에 업힌 아기가 얼음장 같은 바다 위로 떠오르는 달처럼 아득하게 느껴졌다. 나는 우주의 무게를 재는 낚싯대를 엉거주춤 들고서, 갯벌 위 끊어진 낚싯줄과 뱀의 복수를 응시하고 또 응시하면서 온 힘을 다해 두 눈을 부릅떴다.

당신의 팔

당신의 팔 속에서
강물 흐르는 소리가 난다

사람이 사랑을
사랑이 사람을
못 믿고
사랑을 사람이 두고
못 믿고

강물 속에 고기가
고기 속에 고기가
흐린 불빛 떠다니는
정육점 같은 팔 속에
나는 있고
고기 같은 강물 속에
당신은 있다

물살이 저녁 강 연안 지대에 부서진다

저녁 강물의 테이블엔
식빵 가루 점점이 흩어져 있다
어디선가 날려온 은빛 깃털이
물살에 떠밀려간다
울음 한번 짧게 울곤,
다른 데로 날아가는 두루미 부리같이

나는 당신의 팔 속
강물에 떠다니는
부스러기를 찍어 먹고
살 속의 창에
가슴속에 두고 아껴온
입맞춤을 하고 나는 언제나
당신의 팔에서 타인을 사랑한다
언제나 당신의 팔 속에서 죽는다

먹구렁이

오늘은 봄밤 더위가
백 년 만이라고 하는데 말씀이야

귀에 꽃 꽂은 채
빈방에 먹구렁이처럼 잔다
봄밤에 취해
널브러진 달빛

언젠가 골목에서 귀에 꽃 꽂아주고
입 맞추던 소녀여
이런 밤엔 뿌리 내려라

허벅지는 수령이 오래된
옹이가 박힌 떡갈나무가 되고
방바닥에 계속 흘러내리다
유방은 용암처럼 굳어버려라

술 취해 들어온

중년 사내를 위해

먹구렁이처럼 말고 있다
창문은 활짝 열려 있다

비좁은 방바닥
어둠과 빛에 섞인 저 희뿌연한 뿌리

거미 혈액

　인터넷 떠돌다 한 마리 거미를 만난다 *2천만 년 전 밀림 속을 기어 다녔던 거미가 완벽한 상태의 화석으로 발견돼 화제가 되고 있다. 거미의 나이를 확인하게 해준 결정적인 자료는 호박 속에 있었던 한 방울의 거미 혈액. 이 거미는 2천만 년 전 나무 위를 기어오르다 빠르게 떨어지는 송진에 머리 부분을 맞아 죽음을 맞았다.* 한 방울의 거미 혈액, 여자가 내 손에 끼워준 보석 반지 위로 떨어진다 이젠 화석이 되어버린 보석 반지, 바람 속 날아가던 거미 한 마리,

　자그만 창이 달린 지층의 방
　가을밤 공기
　송진처럼 별빛이 내 머리에 녹아든다
　저 투명한 거미 혈액!

코끼리 사냥철

그래 우린 서로 알지
전에 이런 식으로 만났잖아, 몇 번씩이나
우리는 닮은 데가 있다
그래 네 본성을 알아
겉모습만 다르지

황야에 낀 안개 너머로 징후를 느낀다
신이 오고 있다는 표시인가
코끼리가 왔다
여긴 돌풍이 머리를 때린다

모든 거울 뒤에는 다른 얼굴이 보인다
고대의 쌍둥이인 듯이,
회색과 금색이 만나 굶주림이 있는 것을 안다
그리고 오직 한 가지가 있다는 것을 안다
빨강!

코끼리가 마술처럼 땅에서 물을 발견한다

소금과 광물은 조금 갈증을 해결해줄 뿐
코끼리는 줄줄이 숲을 떠나오고
연못은 삶을 삼켜버릴 감옥처럼 꽉 찬다
새로 태어난 새끼들은 거인의 다리에서 뛰어논다
친밀감이 씨를 뿌려 자라지만
근육에는 뿌리칠 수 없는 살냄새가 각인된다

건기의 마지막에 이동이 시작된다
사자들은 하마의 울음소리를 들으며 용기를 키운다
건조가 서서히 코끼리의 등에 악마처럼 들러붙는다

어둠 속의 유령처럼 사자가 나타난다
마지막 호흡은 공포를 안다
코끼리는 죽은 새끼들의 뼈를 코로 어루만진다
침묵으로는 돌이킬 수 없는 달콤한 영혼,
이젠 발 주위에 굴러다니며 역한 냄새가 날 뿐

허나, 죽은 자는 다시 죽지 않는 법

생존시키는 건 피다
이곳은 야생의 시(詩),
그리고 가식을 버리는 힘과
당신을 노리는 익살이 교차한다
그래 우린 이런 식으로 만났잖아
불이나 홍수처럼, 혈통에 새겨진 지도처럼

전원을 끄자 검은 화면에
불도 켜지 않은 방이 흐릿하게 비친다
모든 거울 뒤에는 다른 얼굴이 보이고
죽음이 침상 모서리까지 다가와
날 쳐다본다

황제펭귄

 얼음이 단단해지는 남극의 겨울이 오면 황제펭귄은 바다에서 내륙으로 이동한다. 포식자를 피해 짧은 다리로 빙산을 타고 얼음길을 걸어 바람막이의 안전한 평지를 찾아 100km를 이동한다. 그들은 그곳에서 제의처럼 짝짓기를 끝내고 암컷은 알 낳기에만 몰두하여 몇 주 후에 주먹 크기만 한 알을 낳는다. 암컷은 힘을 모두 소진하였기 때문에 더 이상 알을 품을 수 없어 수컷에게 넘긴다. 암컷은 수컷에게 알을 넘기기 위해 수컷에게 최대한 몸을 밀착시키고 신속하게 알을 건네준다. 수컷의 짧은 두 다리 사이에는 주머니가 있어서 이 속에서 알은 안전하게 부화의 과정을 거친다. 암컷들은 원기를 회복하기 위해 다시 바다로 되돌아간다. 그때부터 수컷들의 순례의 행진이 시작된다. 눈보라와 영하 60°C의 강추위 속에서 수백만 마리의 수컷 펭귄들이 다리 사이에 알을 끼우고 암컷들이 떠난 바다에 시선을 고정한 채, 알을 지키기 위해 둥그렇게 뭉쳐 서로를 보호한다. 온몸이 눈보라에 뒤덮인 채로 어둠 속에서 백야의 무덤이 되어간다. 바깥에 있는 펭귄들은 안으로 들어가고 안에 있는 펭귄들은 다시 바깥으로 나오면서 그들은 그렇게 2개월 이상을 보낸다. 드디어 순례의 정점에서 새끼들이 부화하고 수컷들은 되새김질한 먹이를 새끼에게 먹여주지만 그들 역시 아무것도 먹지 못했기 때문에 이내 한계에 도달한다. 바로 이때 저 멀리 바다에 가 있던 암컷들이 입안에 가득 먹이를 지닌 채 아침 해를 등에 지고 나타나기 시작한다. 한 걸음 한 걸음씩 다가오는 암컷들의 실루엣에 커다랗게 원을 이루면서 뭉쳐 있던 수컷들의 대오가 무너지고, 그들은 환호성을 지르면서 자신만의 목소리로 짝을 부른다. 2개월 이상의 긴 시간이 지났음에도 암컷들은 자신의 짝의 목소리를 정확히 기억한다. 입에 가득 문 먹이를 품은 채 뒤뚱거리는 다리로 수컷과 제 새끼에게 안겨든다.

이 도보승들에겐 흔히 Emperor라는 칭호가 붙는다.
이 피안의 황제들은 자신을 침묵 속에 열어놓고
자신의 고독으로 세계를 창조한다.
봄은 의지로 온다.

수문통 2

이 거리의 욕정이 나를 완성했다
눅눅한 목소리—먼지를 뒤집어쓴 꽃길에서
못 쪼가리를 레일에 올려놓고 너는
기차를 기다리던 나를 애 밴 처녀처럼 불렀다 축축하고 젖은 소리
그때 화물열차가 지나갔다
못 쪼가리가 공중에 튀었다, 시커먼 연기 사이로
사람들이 뛰어왔다
그녀의 머리
한 줌 먼지를 뒤집어쓴 꽃길로 날아갔다

내가 사는 아파트는 이끼가 퍼렇다
가로수 잎이 부드러운, 혀 같은 이 아침의 욕정이 두렵다
이곳 거리의 풍광과 너무 닮았다
바다로 나가지 못하는 배들
뻘 속에서 떠오른다
나의 욕망이 수문통 거리를 낳았다면

가로수의 잎 사이 부지런히 몸을 움직이는 송충이
털끝에서 떨어져 내리는
이슬방울 속 불꽃
여름이다

여우비

빗물에 썩어가는 낡은 벤치처럼 나는
아무도 모르게 홀로 허물어져왔다
시멘트를 깨뜨리며 그 사이로
줄이 끊어진 그네가 흔들리는 놀이터에서
풋것들이 나오는 아파트 입구까지,
묵묵히 우산을 쓰고 걸었다
머릿속 차가운 시체들에게
우선 걸어보자고 말을 걸었다
깨진 시멘트 길 위, 비탈진 경사를 타고
앰뷸런스가 거품을 뿜는다
아파트 입구 가까이
노파가 붉은 담요를 뒤집어쓰고 있다
담요 밖으로 삐져나온 발톱,
반달처럼 감추고 있는 빛,
아이를 들쳐 업은 며느리가 쭈그리고 앉아
붉은 담요 끝을 만지작거린다
나는 우산 속에서 얼굴을 내밀고, 아파트 동 사이
하늘을 만지작거린다

빛 속에서 비들이 죽음의 혼례를 치른다
이런 날, 희한하게 빗속에서 빛들이 떠다닌다

기관차 묘지
── 수문통 3

정신이 위장처럼 맑았다
되새김질하면 소의 연한 위장처럼
기억이 떠올랐다 기관차가 지나갔다
검은 콜타르가 침목 위에서 햇볕에 진득진득 녹아붙고 있었다
　소년들은 레일에 못을 올려놓고 기관차가 지나가기를 기다렸다
　그 거리엔 늘 공장 담벼락을 넘어오는 소음이 있었다
　그건 주머니 속에 손을 찌르고 다니는 소년들이 만지작거리던
　칼처럼 납작해진 못이거나,
　프레스에 손이 눌린 공원(工員)들의 피 냄새를 맡고
　철길에 무더기무더기로 피어나던 장미의 긴 행렬이거나,
　가슴속에 먼저 자라던 가시거나 남들을 찌르기 전에
　자신의 속을 찌르고 마는 날카로운 성장의 추억이었다
　그 거리를 떠돌던 소년들의 정신은 위장과 흡사해서

철길을 걸어 공장으로 가는
몸에선 늘 비릿한 냄새가 났다 그리고 그 철길의 끝에
기적처럼 바다가 있었다 기관차는 바다 앞에 멈춰 섰고
그건 죽음을 향해 숲 속으로 들어가는 코끼리의 행렬과 같았다
그 바다엔 기관차 묘지가 있었으나
아직까지 누구도 코끼리 무덤을 목격하지 못했 듯
발견된 것은 상아 같은 녹슨 자동차나 철근뿐이었다
잔업이 있는 날엔 밤늦게 소년들이 술에 취해
기계들을 바다에 밀어 빠뜨리고
쇠 냄새가 선창가를 떠돌았다
문득 심호흡을 하면 욕지거리들 속에 되새김질의 나른함이 밀려왔고
가끔 바다에서 기계 소음이 들려왔다
튼튼한 파도가 방파제를 거세게 때린 뒤
밤하늘에 장밋빛 피거품이 흘러다녔다

수문통 4

바다가 하수구로 올라온다
꽃밥처럼, 바다는 아침에
부엌에서 연탄을 가는 아이의 눈에서 타오른다
하수구에서 솟구치는 불,
밤새 몸살을 앓다가
재봉 일을 하고 돌아온 누이의 실밥 같은
지친 가슴을 더듬다가
부엌에서 꾸루룩거리는 바닷소리를 듣는다

눈을 뜨면 누이는 부엌에 넘실대는 바다를
바가지로 퍼 올리고 있고,
나는 그 곁에서 젖은 연탄을 간다
눈에서 연기가 가시지 않았지만
누이와 나는 늘 피식거리며
다시 타오르는 연탄불, 그 아궁이의 불꽃 위에서
밥을 지어 먹고 아침을 맞는다

그사이 바다는 꾸루룩거리는 소리를 내며

다시 멀리 사라진다
그런 날엔 아침의 연탄불을 바라본다
다 타버린 불꽃이
하수구의 먼바다를 향해 떠나가는
환상, 나는 누이의 가슴에 머리를 묻는다

초파일

바닥에서 연꽃을 주웠다
물이 없고 다만 자갈뿐인 강 속으로 걷는다
모래내시장 가는 길
등불이 거리에 걸려 있고 비가 내린다
길은 바닥이 드러난 심연으로
곤두박질친 연꽃을 위해
등불 속에 비친 실밥 같은 빗줄기에 젖는다
강바닥 위로 흐르는 내부순환도로,
교각은 지옥을 떠받들고 있는 역사(力士)들이다
빗물에 섞인 빛이 교각에 힘줄처럼 꿈틀거린다
여기는 자갈만 있고 물이 없다
모래내시장 가는 길
등불이 거리에 걸려 있고 나는 다만
허연 강바닥에서 실밥 같은 연꽃을 떼어낸다

벽지

눈보라가 방문을 열어젖힌 후
고아처럼 뜯긴 벽지 아래 몸을 웅크린다
산등성이에서 눈을 만나
초가집 몇 채 가는 연기를 따라
들어온 빈집이다, 방금 전까지
창호지 문으로 내리는 밤눈을 보며
내외가 가만가만 이야기를 나눈 듯하다
흔들리는 벽지 아래 자리 잡고 있으니
온기가 묻어 있는 따뜻한 침구 같다
내외의 숨결이 숨 쉬는
뜯긴 벽지의 이음새를 세어보니
모두 여덟 겹이다
자식들이 태어날 때마다
새로 도배를 하며 내외는
풀비 지나간 흔적마다
꽃을 피웠으리라
길 잃은 등산객의 언 손과 발을 녹이며
집은 눈보라 속에서 마지막 숨을 쉬고 있다

돼지의 속눈썹

밤늦게 돌아오는 날에는
거울을 보고 운다
누군가 거울 속에서
부드럽게 속눈썹을 만진다

홍수에 떠내려가는 자운영
지붕 위로 떠밀려온 꽃밭
그 위에서 울고 있는 돼지
흙탕물 속에서
꽃 뿌리에 감긴 다리
꽃잎의 흙탕물이 밴
돼지의 속눈썹

거센 비 지나간 후
하늘은 말끔히 개어 있다
누구도 지붕 위에서 혼자 울고 있는
돼지에게 말을 걸지 마라

생의 널빤지를 잡고
죽은 자의 그림자가 거꾸로 비치는
도시의 수평선에서
간신히 귀환하는 날
거울 속에서,
고독한 집의 강물에서,
지붕을 타고 하류로 떠내려간 돼지가
울고 있는 밤이 있다

창문을 떠나며

지층이라는 주소에서 오래 살았다
창문 밖 감나무와 옆집 담쟁이덩굴
집으로 돌아올 때면 흐리멍텅해진 눈빛 같은 것이지만
밤늦게 시를 쓰려고 내다보면
그 눈 속에 차오르는 야생의 불꽃
창문에 가득하였다

가난이 있어
나는 지구의 이방인이었다
가로등의 불빛과 어둠에 섞인
두 그루의 식물이 영혼이었다
담쟁이덩굴은 기껏 옆집 난간을 타고
고작 2층에 머무르지만
지층의 창문에서 올려보면
언제까지나 야생의 울음으로 손짓했다
감나무의 이파리는 계절이 바뀌면
햇빛 속에 들어 있는 온갖 바람을 느끼게 했다

나는 언제까지고 겸손한 무릎으로
지구를 찾아온 나무여야 하리라
현재에서 떠나지 않으려고 노력하며
그 실상을 꿰뚫어 보려는 시선을 지녀야 하리라
지층의 창문에 왔다 간 것들
가령 구름을 향해 뻗어가는 담쟁이덩굴
찬 서리가 지층의 창문을 얼리고 있는
이사 가기 전날 밤
내 영혼은 어떤 나무로 다음 생에
지구에 서 있을 것인가
감나무에 매달린 홍시를 생각하고 또 생각해보는 것이다

마리나 츠베타예바를 읽는 저녁

목소리를 받은 한,
나머지는 모두 빼앗겨야만 하는
마리나 츠베타예바와
시인인 우리는 최하류 난민이라는
마리나 츠베타예바와
몽상의 짐을 날라주고 날라주는
짐 싣는 노새! 책상에 앉아 창가의
나뭇잎 하나가, 잊힌 채,
아직 저 꼭대기에 남아 있다고 노래하는
마리나 츠베타예바와

저녁밥을 먹고
물을 마시고
책을 덮고
겨울, 창가에 쌓인 눈발에
서리가 빛나는 것을 보고

골목에 나와

그녀가 보았던 나무 꼭대기에서
내려온 고양이를 팔뚝에 앉히고
우는 소리를 듣는다
하나 남은 빛이 우는 소리를 듣는다

밤의 스핑크스

GS25 편의점과 명지대학교 버스 정류장 사이
셔터가 내려진 쥬얼리 숍

그녀는 자정 너머의 어둠 아래 좌판을 펼친다
골목을 메웠던 열정이 축 처진 어깨를 하고
버스 정류장 앞에서 오지 않는 버스를 기다리거나
편의점에서 목마름을 해결하는 시간
그녀가 바람과 같아서 볼 수는 없지만 느낄 수 있다

그녀는 좌판의 물건을 매일 바꾸지만
그녀도 그녀의 물건도 쉽사리 어둠과 분간이 되지 않는다
운동화 끈과 머리핀과 아크릴 털실이
먼지와 비에 닳아 모서리를 잃거나
수북이 눈을 맞아 형체만 세워진 날도 있었다
그녀의 축 늘어진 뱃살이 어둠 아래
층을 이루며 깊어간다
가끔은 좌판에서 가슴에 부리를 묻고

울음을 삼키는 외로운 목조(木鳥)가
어두운 가로수 위로 날아간 날도 있었다
그녀는 아랑곳 않고 자정 너머
흐릿한 시간 앞에 펼쳐논 불행을 응시한다
집으로 돌아가는 길을 잃고 새벽을 서성이는 사람들이 몇
비로소 시무룩해진 어깨로 그녀와 그녀의 물건의 존재를 눈치챈다
그건 집으로 돌아갈 수 있는 사소한 위안의 보석이거나
한 권의 책처럼 옆구리에 끼고 다시 씌어질 생을 노래할 수 있는 소재이지만
어둠에 완벽히 적응한 그녀가 오늘도
자정 너머에 좌판을 펼쳐놓는다
가로수 위로 동이 틀 때까지

시간의 화석이 자신의 세계를 내려다보며
흐릿한 꿈에 잠겨 있다

밤의 스핑크스가 자신의 발치에 놓인 물건에서
천 년보다 더 많은 추억을 불러내고 있다

제3부 남은 빛

빗소리

내가 잠든 사이 울면서
창문을 두드리다 돌아간
여자처럼

어느 술집
한 구석진 자리에 앉아서
거의 단 한마디 말도 하지 않은 채
술잔을 손으로 만지기만 하던
그 여자처럼
투명한 소주잔에 비친 지문처럼

창문에 반짝이는
저 밤 빗소리

해가 들지 않는 곳에서 빛이 내릴 때

해가 들지 않는 곳에서
빛이 내린다 비가 휙휙 내린다
한 걸음 뗄 때 사선으로 날리다가
소리 죽여 머리에 떨어지다가
찰칵찰칵 변두리 동네의 양철 지붕을 때린다
저녁 산책을 나온 중풍 걸린 노인과
골목의 커브에서 딱 마주친 날
한 걸음 뗄 때마다 의지와는 상관없이
따로 노는 두 다리와 허공에 쳐들린 두 손,
무아지경의 환희의 춤이 골목길에 환하다
비가 사방에서 뛰어온다
이제 막 걸음마를 뗀 아기가
엄마를 향해 까르륵 웃으며 달려가는 것처럼
간신히 대지를 지탱하는 다리의 쾌감이
변두리 골목, 사방의 하늘에 번지고 있다
해가 비치지 않는 곳에서
사방에서 내리는 비는,
아기와 노인의 걸음마가 똑같아지는

쾌감의 순간이다 대초원의 소리처럼 비는
성대를 울리며 울퉁불퉁한 골목길을 지나간다
중풍 걸린 노인이 지나간다
지팡이도 없이 노인이 걸을 때마다
해 진 뒤의 잔광처럼 골목길이 환하다
저쪽 커브 저편, 열려 있는 창문으로
빗소리를 듣고 있는 할머니
기다란 한숨이 나뭇잎에서 뚝뚝 떨어지고 있다

강물이 언어로 속삭인다

새벽 5시면
강물이 산길을 흘러내려온다
먼 길을 시골길도 아니고 도시의 새벽길을 밟아
닫힌 내 집 창문을 흔드는 강물 소리
전세를 얻고 이 집에서 이태를 넘게 살면서도
처음에는 강물 소리를 듣지 못하고 살았다
언제부턴가 새벽 5시만 되면
나는 강물 소리를 기다렸다
어떤 날은 책을 읽다가 밤을 하얗게 새워버리고
새벽 창을 두드리는 소리를 가만히 듣곤 하였다
숲에 번지는 불을 몰고서 멀리서부터 흘러내려오며
산들바람처럼 새벽 숲을 흔든다
강물 소리는 산길을 내려와 동네로 접어든다
삐뚤빼뚤한 변두리 골목길을 올라오면서
엄마를 깨우는 아기의 울음소리와 섞이고
숨을 헉헉대면서 높은 골목길의 쓰레기를 치우는
청소부의 고단한 어깨를 스친다

새벽 5시면 댕댕댕 산 중턱의 절에서 흘러내려온다
비 온 뒤 거리의 보도블록에서
풀들이 솟아 나오듯
도시의 시멘트에 가두어놓은 저 시퍼런 범종 소리
새벽 창에 강물이 언어로 속삭인다

근원 가까이에서 울고 있는 새들

한밤중에
호수에서 소리가 울린다
이제는 떠나기 어려운 철새 떼가
날개깃으로 얼음을 치고 있다
꽝꽝한 얼음 속에
제 나라가 있다는 듯
공중에서 일렬로 곤두박질쳤다 솟구친다
얼어붙은 호수에서 먹이를 구해야 하는
새 떼들이 밤중마다 얼음을 깨고 있다
뒤처진 날개의 힘이
전력으로 호수 한가운데로 떨어지고 있다
텅텅텅
얼음 위에 울리는
성스러운 시간
새 떼들의 날갯죽지에서 빛나는
까아만 살얼음

가는 비

남의 집 빌라
현관 앞에 쭈그리고 앉아
가로등을 바라본다
그물 모양으로 내리는 비

걸리는 거라고는
가로등에 걸린
거미집밖에 없는데

이 밤 하늘 끝에서
누가 세상을 향해
투망을 던진다
비는 밤새 환하다
그 안에 잠시 나비가 걸려 있다

봄 우레

어머니
당신은 언제 손거울을 꺼내 얼굴을 보십니까
당신의 그리움은 언제
배추 이랑에 때까치처럼 내려앉습니까
젊었을 적 눈썹 그릴 때만 보던
손거울을 어디에 숨겨두셨습니까

감꽃이 소낙비처럼 떨어지는 날엔
당신은 친정집 툇마루에
처녀로 앉아 있는 꿈을 꾸십니까

당신 없는 고향 집
문설주에 기대어
봄 우레를 듣고 있습니다
겨울날 울타리 밑에서 햇볕을 쬐는
고아들이 따뜻하지만 몸을 떨듯이

어머니

봄에 우는 우레는
울어도 우레 같지 않습니다
먼 산에서 나지막하게 우는 당신 같습니다
숨겨둔 손거울 같은
당신의 삶이 몰래 운 것입니다

투명한 울음

그런 날이 있다
지하철 첫차를 타고 가는 여자가
차창에 떠 있는 자기 모습을 보고
우는 것을 본 적이 있다

그런 날이 있다
그녀의 눈에 떠 있는
내 얼굴을 보고 운 적이 있다
그런 날에는 깨진 사금파리에 빛나는
시려운 빛이라도 그리워진다

부뚜막

당신은 부뚜막에 살으셨습니다
은주발에 담긴 샘물에
손 비비는 달이
살으셨습니다
새벽이슬이 다디단 첫 물이 될 때
찰랑이는 불빛이 되셨습니다
당신은 이제 지평선에서
얼굴을 묻고
불씨를 불고 계십니까
정지의 아궁이에
타오르는 불빛
그곳에도 자식 걱정이 있습니까

초승달

누가 저렇게 밝은 횃대를
공중에 걸어놓았나
휘감으려다 놓쳐버린 발톱의 울음,
흰 달을 가까이 끌어당기는
목소리의 계절이 지고 있다
홀로 뒤처진 철새가 밤바다를 스친다
수만의 물결로 걸어둔 멜로디
저 너머 허공의 내부를 울린다
바다는 저만큼 물러나
상복 속에 입을 묻는다
꽝꽝한 울음으로 달을 휘어감으며
새는 횃대 너머를 본다
지상의 음역과는 다른
뒤처진 발톱이 움켜쥔 그 멜로디
별의 입술을 핥으며
계절은 거품 속으로 사라진다

날개옷

구름 속에서 나온 햇빛 한 줄기
웅덩이에 내린다
까마귀가 물에 젖은 채
널브러져 있다
아직 감기지 못한 눈동자에
추억처럼 울음이 반사된다
이 세상에는 아무도 모른 채
죽어가는 주검이 있다
비 갠 후 뒷산 절에 오르다가
빈집처럼 웅덩이를 바라본다
언뜻 초혼처럼 들려오는 범종 소리
작은 수면(水面)을 두드리며
까마귀의 주검을 염습한다
햇빛, 웅덩이에 내리고
까마귀의 날개깃
무지개가 어리어 있다
죽어서 가장 아름다운 날개옷을
눈부신 수면 밑에 펼쳐놓고 있다

시신에 밴 향내

미라가 된 성녀여
시신(屍身)에 꽃을 뿌려놓았던가
어느 페이지에선 향기가 난다
책장의 한구석에 처박혔다
우연히 발굴된 낡은 책을
창가에 서성이며 달빛에 비춰본다

누런 책갈피 속에 꽂힌 꽃잎이
바스라져 있다
영원히 해갈되지 않는 언어를
풍화된 성녀의 치아가
꽉 물고 놓아주지 않는구나

책을 펼치니
엄지와 검지 사이에서 중얼거리던
펜촉이 남긴 밑줄과 메모,
달빛에 부풀어 포자처럼 날아간다
이 밤 향내에 배여

잠들어 있던 기억이
얼룩덜룩한 달 그늘 밑을 배회한다

피리

고개를 숙이고, 주방 창문턱에 놓고 기른
제라늄 화분을 살피다가
아랫집 지층에 멈춘 눈길을 뗄 수가 없다
시멘트 마당 쪽으로 개발사슴처럼 다리를 내놓고
방턱에 앉아, 장맛비를 골똘히 쳐다보고 있는 독거노인
등 뒤로 모시로 짠 발이 누추한 살림살이를 가리느라
방 안에 빗금을 긋고 있다
벌겋게 녹이 이는 우산을 당신 쪽으로 받쳐 들고
노인은 움직이지 않는다
시멘트 마당 한쪽에는 장판을 씌운 평상이 놓여 있다
노인은 평상에 파문 이는 비를 보고 있다
나는 이사 가는 집마다 볕이 들지 않아 창턱에 식물을 놓고 길렀다
새로 이사 온 집에도 주방 창문에 제라늄 화분을 하나 놓고

빨간 꽃망울이 맺히는가 싶어 며칠 가슴을 졸이다가
꽃잎 맺힌 자국이 떨어져 창 아래를 내려다본 적 있다
가난한 집에는 저녁에 볕이 다 모여든다
다세대 건축물 사이로 환한 저녁 햇살이 내리고
노인이 평상에 앉아 나무 피리를 입에 물고 있었다
사나흘 장맛비는 그칠 줄 모르고 노인의 생각은 하도 깊어
머릿속에서 비는 몇십 년째 쏟아진다
평상에서 파문 이는 빗방울들
그 저녁에 본 피리 구멍에서 쏟아지는 음계 같다
번개가 치고 우주의 힘줄이 불거진다
그리운 사람 하나 음계의 계단을 밟고 하늘에서
내려올라나 내려올라나 나는 그저 고개를 숙이고 제라늄 화분을 살핀다
저 아래, 지층의 잡목림 속에서 고라니가 넓적한 발을 내밀며
부서진 나무 피리에서 간절히 음계를 꺼내고 있다

초록 여관

먼 옛날의 동물들은 초록 여관에서
모자를 쓰고 다닌다 강물 소리가 나는 모자를 쓰고 다닌다
때로는 불타는 피를 뒤섞은 강물 굳은 관을
조심스럽게 탁자에 올려놓는다
저녁에는 관을 장식한 꽃 속에 벌이 죽어 있다
1919호나 1927호에서 담배를 피우며
아주 멀리까지 달아나버린 강물 소리를
삐걱이는 침대 밑에서 듣는다
풀숲 쥐를 잡아먹고 화단에 몸을 비비는 뱀
첫번째 비행을 시작한 저 새가
동녘의 하늘 속에서 장미를 물고 오는
초록 여관에서

불꽃

 역 광장에 시위가 한창인데 바리케이드 한쪽에서 노인이 신문지를 수의처럼 덮고 잠들어 있다 노숙견 한 마리가 다리를 절룩이며 다가와 수의 바깥으로 삐져나온 노인의 손을 핥는다 노인의 깊게 파인 손등에 내리쬐는 저 불꽃이야말로 세계와 삶에 대한 고요한 항의다

저녁 빛

사물 속에 빛나는 고통처럼
또 저녁이 온다
버드나무 꽃가루가 자꾸 날아와
다래끼를 나게 하는 바다

선창가 외진 술집
금 간 담벼락 밑에 핀 질경이꽃처럼
먼지투성이의 삶을
눈빛으로나마 바다에 빠뜨리며 걷는다

시간을 들여다보느라
한 개의 초점만 남은 눈먼 시계공
수평선에 잔해를 이루며 노을은
시간의 땔감들을 한 단씩 태우며 저문다

새살이 돋아나는 통증인가
부서진 초침과 분침 들
부드러운 상처 속에서 뿜어져 나오는 별들로

또 하나의 성좌를 이룬다
수평선의 빛이 나에게 고통을 준다

눈 내리는 새벽

눈 내리는 새벽
나보다 먼저 집으로 돌아간
사나이의 발자국에
발자국을 찍으며 걷다

눈 내리는 밤엔
골목의 눈이 달
집으로 향한
분화구마다 발자국을 찍으며 걷다

눈 내리는 밤길을 발자국을 따라
걷는 것은, 자신을 세계 속에 집어넣는 일

사나이의 발자국이
성큼성큼 올라간
눈 내리는 골목
지워져가는 분화구마다
화산을 깨우듯

추어보는
발자국 댄스

시간 두루미

겨울 해 질 녘
나룻배 한 척 얼음장을 깨고 지나간다
그 뒤로 쌓이는 얼음산에
두루미가 내려온다
그냥 그대로는 앉아 있지 못하고
날개를 펼쳐서 가볍게 뛰어올라
부리로 뜯어낸 얼음 가루 공중에 흩뿌리다가
발가락 밑에서 올라오는
노르스름하게 구워진 시간에 취해
꼼짝도 않고 아래를 내려다본다
얼음장과 물살 사이
구멍 속에서 올라오는 푸른 숨결이
자기 것이라는 듯,
목을 길게 빼고 한 자루의 피리로
성엣장 둥둥 떠다니는 강물 속
그림자 물고기를 찾는 두루미
가슴을 후벼 파기엔
네 부리만 한 것도 없겠다

머리 꼭대기에 한 섬 노을을 부려놓기엔
살얼음 아린 노만 한 것도 없겠다

아무도 생각하지 않는 곳에서

창문이 모두 깨져버린
재개발 지역의 집들은 햇빛 속에서도
자기 안에 몰두해 있는 것 같다.
여기에선 바람도 눈 없는 사람의 눈언저리를 닮아
간다.
여기에선 바람 또한 세계의 임시 존재일 뿐.
녹슨 외짝 문을 빼긋 열어논
라일락이 램프의 별로 밝혀진 외딴집엔
바람이 불었다가 끊기고
끊겼다가 불면서,
침묵의 소리를 띄엄띄엄 기척 없는
나직한 뜰 안에 풀어놓는다.
지나가는 행인 하나 없고
누구도 생각하지 않는
재개발 지역의 집들은
햇빛과도 같은 시간 속에서 내부로 눈을 돌려
보이지 않는 어둠으로,
자신의 상(像)을 빚느라 여념이 없다.

잃어버린 눈 안쪽에
스스로를 견고한 고독으로 채워간다.

여름의 슬픔

갈라진 벽 틈으로
별빛이 흘러든다
개는 발등에 내려앉은
별빛을 핥는다
복날, 낑낑대며
벌어진 자신의 상처 속으로
맑은 코에 어린
숨결을 부어넣는

헛간에 숨은 개

공터

고요하고 참 맑다
전봇대에 기대어 말라가는
해바라기 까만 씨앗처럼
흙더미 속에 반쯤 파묻힌 공책의
서툰 글씨들도 정겹다
골목마다 하나씩 있던
교회는 텅 비고
어둠이 어둠처럼
달빛이 달빛처럼 한가로이 다닌다
시멘트 밑에 봉해논
풀벌레 소리가 밤마다 되살아난다
인부들이 사는 가건물의 불빛도
들판의 오두막집처럼 정겹다
오늘도 그 공터를 걸어
집을 향해 가는 내 시간이 아프다

저녁 밤

순찰차를 세워놓고
순경 하나가 불빛을 향해 손을 한껏 펴 들고
수첩에 무언가를 적고 있었다
재개발 지역
빈집의 눈처럼
가로등 하나 쓸쓸한데,
그 밑에서 순경은
불빛 가까이
허공 가까이
마치 수첩을 불빛에 포개놓으려는 것처럼
열심히 쓰고 있었다
그의 곁을 조심스럽게 스쳐 지나갈 때도
그는 내가 지나가는 줄도 모르고
수첩에 온 신경을 쓰고 있었다
골목을 돌아서자 내 얼굴엔 미소가 번졌다
내 등 뒤로 수첩에서 나는 맑은 소리가 그치지 않았다
그는 가로등 불빛에 손을 펴 들고

샛별처럼 손톱을 깎고 있던 것이었다
가난한 동네의 어두워서 착각했던
풍경 하나가 딱딱딱 소리를 내며
내 뒤를 따라오고 있었다
손톱 깎는 소리,
마지막 집들을 지키는
나무와 같은 가로등 밑에서 울려 퍼지는,
도시에서 보는 반딧불 같은
어느 따스한 길이었다
나도 어서 집으로 들어가
욕조에 뜨거운 물을 받아놓고
손톱을 깎고 싶은 밤이었다

입술

봄날 대낮
공기의 서랍을 열고
새로운 세상을 냄새 맡아요
따끈하게 데워진 술이
이슬로 내리는 햇살 사이 걸어갈 때
입술로만 말을 해봅니다
미래의 문들이 달린 창공을 향해
뿔나팔을 분답니다
가냘픈 바람의 허리를 붙잡고
당신의 귀밑에 부어 넣어지는
밀어의 전언을 느껴보세요
거리를 향해 심호흡을 하고
조율한 휘파람을 날려 보냅니다

당신의 옷자락에 살랑이는,
입술의 언어를 느껴보세요

눈썹

너는 울 때 눈썹을 떨구는군
너는 울 때 추운 눈썹을 가지는군
한기가 느껴지는 가난한 광선

내가 울 때 두고 온 눈썹
내가 울 때 젖을까 심장 속에
두고 온 가난한 눈썹

봄 저녁의 어두운 질주에 관하여

난 저녁의 어두운 골목길을 마구 달려갈 것이다
한 번의 비에 다 져버린
목련꽃 아래 죽은 새를 들고
짧은 봄의 시간을 바람 속에 묻으러,
봄 저녁의 골목길을 마구 달려갈 것이다

죽은 자의 지붕에서
별이 하나씩 돋아나
가슴을 견딜 수 없게 조이는데,
가로수 곁에서 창녀들이
하나둘 새어 나와
감정 없는 손길을 던진다

등뼈를 가진 생물은 울어야 하는
이 길, 이 어두운 골목길에서
슬픔은 뼛속까지 갉아먹는다
아침마다 새 아파트가 번쩍이는
이 서울의, 어느 저녁엔

어둠 속에서 살아나는 퍼런 죽음이 있다

목련꽃 아래 죽은 새를 들고
나는 영원히 낡아가는
이 어두운 저녁의 골목길에서 마구 달리며
대기에 무덤을 갖고 날아오를 것이다

고향에 빠지다

배롱나무 잎잎마다 귀신과 도깨비가 그득했다
고향에 내려갔다가
고향에 빠졌다

나는 배롱나무 꽃분홍에 여름 하늘이 비치는 것을 보았다
어둑어둑해져 고향에 내려올 때마다 대문을 밀기도 전에
'어매' 하고 외쳐 불렀던 까까머리 시절을 보았다

나는 구덩이에 빠져
죽음의 문전에서 어매를 다시 불러본다
금세 방 안에 30촉 전등이 켜지고
어둠 속에서
어매의 신발 끄는 소리……
신발 끄는 소리……

고향에서 팔이 부러져 돌아왔다

사람들이 공터에 웅성거리며 모여 있다
뉴타운 공사로 마지막 남은 교회가 철거되고 있다

종탑 기둥 네 곳을 포클레인이 칠 때마다
교회 전체가 흔들린다
신은 흔들림 속에서만 우리에게 오듯이
일순간 종탑에서 요란스레 종소리가 울리고
공터의 구덩이 속으로 꼬꾸라진다

비탈에 대문이 덩그라니 있지만
계단만 남아 있는 집들,
부러진 팔목의 뼛속에서
배롱나무 꽃분홍이 울컥, 피어난다

이슬의 힘

나는
노트의 줄에서
가늘게 떨리는 별이야
백지에 걸려 있는
한 줄의 떨림,
줄 위에서 울리는
바람을 지켜보면서
천 개의 태양이 섞인
지평선을 밟아 나가는,
나는 말이 채 되지 못한 말들
발의 그늘로 건너 다닌 색채
백지의 줄 위에서
눈멀어가면서
대지를 감촉하는 발
대지의 깊은 숨소리 깨우며
안에서 눈뜨는 이슬의 힘

술꾼

지하철 선로에서 추운 밤을 보낸
쥐 한 마리가 첫차에 올라탄다
굉음에 떨리는 유리창을 보며
울고 있는 여자,
지하보도의 잠을
소파의 온기로 데우는 노숙자,
새벽부터 등산 가방을 둘러멘 채
골똘히 생각에 잠긴 남자,
모두 슬픈 발밑을 가진 사람들
쥐는 그들의 그림자처럼 첫차에 스며든다
쥐는 첫차 시간 재빠르게
지하철을 타고 다른 역으로 이동한다
상점의 문이 열리자마자 술병을 사 들고
집에 가서 얼른 한잔할 생각에
비 온 뒤의 진흙탕을 날아가듯
건너뛰는 술꾼처럼

진달래 길

4월의 어느 바닷가 봄밤엔
낙지가 바다 밑을 기어온다지요
진달래꽃을 따 먹으러
뭍으로 올라온다지요

당신과 남산의 계단을 오르고
타워를 오르고,
햇빛으로 빛나는 꼭대기 창에 매달려
우리는 바닷가에 가기로 약속을 했지요

  그날은 서해 바다가 저 멀리 떠오르는 맑은 날이었지요
  내려오는 길에는 당신과 남산의 진달래 길을 걸었지요
  당신은 저에게 주려고 진달래를 따서 옷자락에 가득 채웠지요
  그런 뒤로 저는 당신의 옷에서 향기가 날 때마다
  당신이 저를 위해 꽃을 딴 것은 아닌지

당신의 냄새를 맡아보곤 했지요

어렸을 때 열병을 앓아 다리를 절던 당신,
겨울에서 봄으로 바뀌는 계절의 경계에서 어느 순간
하늘이 맑아지고 다시 꽃이 피어납니다
이제는 저 혼자 그 길에서
저만치 피어 있는 꽃을 바라보지만,
당신이 절뚝거리며 따 준 꽃 냄새는
봄물 같은 투명한 하늘에 떠서 흘러가고 있네요

이제는 더 이상 누군가와 나눌 수 없는
봄이 오지만, 아직도
당신과 거닐던 진달래 길에는 봄빛이 맑아
무언가 정겨운 마음이 번집니다

봄밤의 바닷가 사람들이
홰바리라 부르는,
횃불로 낙지잡이를 한다는

당신과 끝내 가보지 못한 그 바다,
당신이 절뚝이며 꽃을 따 주던 진달래 꽃길에
바다 밑을 숨죽이며 뭍으로 기어오르는
낙지 한 마리, 그렇게 봄빛이 오고 있습니다

봄비

 당신은 사는 것이 바닥으로 내려가는 것과 비슷하다고 했다. 내게는 그 바닥을 받쳐줄 사랑이 부족했다. 봄비가 내리는데, 당신과 닭백숙을 만들어 먹던 겨울이 생각난다. 나를 위해 닭의 내장 안에 쌀을 넣고 꿰매던 모습. 나의 빈자리 한 땀 한 땀 깁는 당신의 서툰 바느질. 그 겨울 저녁 후후 불어 먹던 실 달린 닭백숙.

웃음

 티베트 고원으로 가는 길이었습니다. 보리밭이 끝없이 펼쳐져 있었습니다. 그때 잠시 차창 밖으로 유채꽃 밭이 눈에 들어왔습니다. 물기라고는 한 방울도 느껴지지 않는 마른 햇빛 속에서 노랗게 떠오른 호수, 그 속에서 한 노인이 돈다발을 세며 웃고 있었습니다. 바람이 이는 곳마다 기도문을 적어놓은 깃발이 흔들리고, 보리밭이 흔들리고, 유채꽃 밭이 차창에 떠오르는데 그 모습이 기도 같았습니다. 끝도 없이 흔들리는 유채꽃 밭의 바람에 실려 돈다발을 세는 노인의 웃음이 고원의 하늘 위로 퍼져 나가고 있었습니다. 바람이 크게 일면 그만큼 기도도 빨리 하늘에 닿는다고 믿는 사람들이 암갈색의 산 아래 살고 있는 마을이었습니다.

커튼처럼 사람을

나는 커튼처럼 사람을 보며 살았다
그 너머 어른대는 신비에 취하지 않으면
못 살 나그네처럼,
인천과 서울 사이
물에 어른거리는
변두리에 취해

지극한 쾌락도 없이
여자의 배에 눈썹을 떨구며

나도 모르는 사이
영혼과 육체가 완전히 허물어져
담벼락에 기댄
깨진 거울 속에서
줄기 없는 꽃처럼 피어

들판의 나무 한 그루

푸르스름한 지평선을 제 몸에 감고
저 먼 마을의 창가에 걸린 등불을 꿈꾸며
나무는 어둠 속에서 잔해가 되어간다
온몸이 해체되기 직전의 나무는
텅 빈 침묵 속에서 죽은 새의 깃털을 날리고 있다
바람이 불자 깃털이 날아오른다
알을 까는 저 별들,
나무는 품고 죽어간다
바람의 경련이 잔구멍투성이를 만드는 고목에서
알코올보다 강한 추억의 냄새가 흘러나온다
추억에 파묻힌 나무의 내부에서 수액처럼
죽은 새의 울음이 울려 나오고,
들판의 저녁이 나무의 그림자를 창공에 써간다

타인들의 광선 속에서

타인들 속에서 항상 당신을 느낍니다
당신은 타인들 속에 석탄처럼 묻혀 있습니다
천 년 뒤에나 윤기 날 듯 오늘도
타인들의 광선 속에서 먼지 띠로 반짝입니다
저녁이 온통 푸를 때마다
얼음장 밑 식물처럼,
사방에서 반짝이는 먼지 띠들은 나를 미치게 합니다

겨울 아침

뜰에 부려놓은 톱밥 속에
어미 개가 강아지를 낳았다
햇살이 터오자 어미 개는
아직 눈도 뜨지 못하고
다리 힘없어 비틀거리는 새끼들을
혀로 세웠다
톱밥 속에 어미 개가
강아지를 낳은 겨울 아침
이쪽으로 쓰러지려 하면
저쪽으로 핥는 어미 개의
등허리에 서리가 반짝였다
서리에서 김이 나고 있었다

봄의 숨결

떨어지는 꽃들 속에서
죽음을 맞는 새는
마지막으로 허공의 바람 냄새를 맡는다.
추억에 마비된 작은 몸뚱이 위로
하얀 속옷 같은 꽃들이 떨어진다.

새는 죽으면서 울음을 우는지
울음 끝에 심장을 갖고 있는지
보드라운 작은 몸뚱이는 따습고
산골짜기를 날아온 꽃들이
새의 숨결처럼 허공에 번진다

저녁노을은
꽃의 창문,
죽은 새의 울음이 비치는
그림자가 상처를 입는다

사막의 아침

휘발하는 이미지를
바람 속에 무덤을
꽃과 사물의 집을
말 없는 사랑을

내 피는 운반하고 싶어라
어두운 대낮의 환한 슬픔을
사막의 아침을
화음으로 이루어진 우주를

내 산보의 발걸음은 갖고 싶어라
숲을, 들판을, 산들바람을
똑같은 리듬으로 떠오르는 별들을
하늘 끝까지 취해서

내 피는 걷고 달린다
바람의 심장을 달고
영혼 따위는 없이 리듬만으로

얼굴을 씻는
신부를 기다리는 첫날밤처럼
짧은 시간 속에 들어차는 기다림이여

금방이라도 터져버릴 듯
팽팽해진 종기 같은 꽃으로

밤은 피어나고
뿌려진 피에 취해
허공을 꽉 채운
새들의 메아리가 선회하는
무한 속의 섬에
새벽은 도착한다

생각날 때마다 울었다

그 젊은이는 맨방바닥에서 잠을 잤다
창문으로 사과나무의 꼭대기만 보였다

가을에 간신히 작은 열매가 맺혔다
그 젊은이에게 그렇게 사랑이 찾아왔다

그녀가 지나가는 말로 허리가 아프다고 했다
그는 그때까지 맨방바닥에서 사랑을 나눴다

지하 방의 창문으로 때 이른 낙과가 지나갔다
하지만 그 젊은이는 여자를 기다렸다

그녀의 옷에 묻은 찬 냄새를 기억하며
그 젊은이는 가을밤에 맨방바닥에서 잤다

서리가 입속에서 부서지는 날들이 지나갔다
창틀에 낙과가 쌓인 어느 날

물론 그 여자가 왔다 그 젊은이는 그때까지
사두고 한 번도 깔지 않은 요를 깔았다

지하 방을 가득 채우는 요의 끝을 만지며
그 젊은이는 천진하게 여자에게 웃었다

맨방바닥에 꽃무늬 요가 펴졌다 생생한 요의 그림자가
여자는 그 젊은이를 물끄러미 바라보았다

사과나무의 꼭대기,
생각날 때마다 울었다

남은 빛
──파울 첼란의 「꽃」에 부쳐

구멍 숭숭 뚫린 꽃 속에
남은 빛

말더듬이의 가슴속에 사는 말처럼
어느 눈먼 이의 말처럼
침묵으로 남은 빛

서리를 맞고
어느 아침에 더 붉어진 꽃
결정(結晶)이 되어간다

소리 없이
생생한 아침에는
바람의 색깔이 된,
영혼

잡으려 하면 공중에 떠 있는 돌 같고
오, 도무지 어떻게 할 수 없어 가슴을 쥐어뜯듯

손으로 파헤치면 칠흑의 땅 밑에서 뜨는 무지개

꽃은
너의 눈과 나의 눈에서 흐르는
눈물로밖에는 피워낼 수 없구나

발걸음

  거리나 광장을 거닐다가 갑자기 어쩔 줄 모르는 어린아이가 되는 순간들. 아무도 이름을 모르고 아무도 집에 데려다주지 않는 너무 자란 이 어린이. 그저 발에 생각이 돋아나듯 걸음에 자신을 맡기고 걷기만 한다. 아, 걸음 속에는 초록이 숨어 있는가. 불안으로 가득 찬 이 어린아이가 그렇게 한 발 한 발 발을 뗄 때마다 촉촉한 푸른 피가 발걸음 속에서 솟아나와 흐르듯이 들려온다. 발걸음의 심장 소리가 들려온다.

  그건 보도블록을 밀고 나오는 봄초록의 불꽃들, 귀를 기울이면 무거운 수직선으로 가득한 도시를 연약한 힘이 들어올린다.

대지에 기도를 올리시는가
—최하림 선생님께

당신은 지금
봄이 되는가
나무 속에 웅크린 채
불이 되는 꿈에 뒤척이는가
나무 속을 헤맨 발걸음을
꽃으로 피우고
오늘 봄길을 조심조심 걷고 있는가
당신은 어디까지 흘러가는가
언제 걸어 나와 봄이 되는가
먼 데를 응시하며
야윈 말을 넘치는 햇빛 속에 두고
봄의 아픈 등뼈가 되는가
살아남은 자가 아프지 않도록
모닥불의 재 위에
누워 있는 당신의 뼈,
바람 속에 흩어지며
대지에 기도를 올리시는가

스케치북

자그만
창이 달린 아침을 주오
어둠 속에서 빛을 달고
화살처럼
날아온
어린나무에게
경의를 취하게

바람이 되는 햇빛과
물이 되는 달빛이
그대로
둥근 지붕으로 자라나는
아침을 그리게

나무의 음악은
언제나
새들의 영혼으로 오는 것
이윽고

백 명의 연인들이
잎사귀 속에서
춤을 추게 해다오

|해설|

숨은 빛
── 단편영화 「푸르른 운석」(가제) 촬영기

강 정

1

> 당신의 생활 감정이
> 다른 사람들에게 당신 특유의,
> 이제껏 한번도 토로된 적이 없는 것으로 받아들여질 수 있어야
> 비로소 당신의 생활 감정은 당신의 작업을 위한
> 강력한 자극제가 되는 것이다.
> ── 안드레이 타르코프스키, 『봉인된 시간』

폭염주의보가 내렸던 날, 근 십여 년 만에 산에 올랐다. 박형준의 다섯번째 시집 『생각날 때마다 울었다』의 원고를 읽다가 우습게도 영화라는 걸 찍어보고 싶어졌기 때문이다. 반나절 동안의 촬영 이후, 심한 탈수 증상을 느꼈다. 집으로 돌아와 몸을 뉘었을 때, 열기 빠져나가는 소리가

이웃집 정화조 퍼내는 소음처럼 상서롭지 못한 배음으로 떠돌았다. 그러나 정신은 여지없이 맑았다. 몸속엔 두 번 다시 재생되지 못할 이미지의 수정란들이 미끄덩미끄덩 범람했다. 하루 해거름의 대미에서 이 세상에 단 한 번밖에 오지 않을 풍광들을 기록한 건 카메라가 아니라 내 몸이었던 건지 모른다.

날짜: 2011년 6월 19일 일요일
장소: 서울시 서대문구 연희동 안산 일대
촬영 인원: 총 4명(스태프 및 배우)

오후 세 시가 막 넘었을 즈음 대여 업체에서 빌린 5D마크2 카메라와 스테디 캠 멀린을 챙겨들고 집을 나섰다. 기다렸다는 듯 굳세게 달궈진 불볕이 정수리에서 작렬했다. 몸속 깊숙이 뜨거운 꼬챙이가 직각으로 꽂히는 느낌이었다. 모든 내장을 헹궈낸 불덩이가 항문을 열고 흘러나와 도로 위에 시뻘건 꽃으로 피어날 것 같았다. 보도블록 사이로 안간힘 쓰며 솟아오른 풀잎들이 잘못 찍힌 쉼표처럼 수상해 보였다. 나는 지금 어떤 푸름을 영상으로 담으려는 중이다. 그 푸름은 실재하는 것일 수도 있으나 누군가의 기억 속에서 시간의 탈색 과정을 거쳐 저 세상 빛으로 광합성한 영혼의 잎맥에 더 가깝다. 생면부지의 사자(死者)를 추억하며 현세의 슬픔과 그리움과 쓸쓸함과 환희를 어느 무결한 사물들의 표면에서 '발명'해내려는 이 허망한 기획에 마음 착한 친구들은 환호도 비관도, 그 어떤 의구심도 표시하지 않았다. 그저 흔쾌히 따라붙겠노라 고개만 끄덕였다. 그랬더니, 뒤늦게 아차, 싶었다. 박형준의 시들은 기억의 감광막에 묻어 나온 사물들의 내밀한 도상을 펼쳐 보이며 현재의 팍팍한 시간들을 달랜다. 다사다난한 감정의 일렁임조차 일상 사물들의 범상한 형상에 투과해 부드러운 물질로 정화시키는 마력을 그의 시는 지니고 있다. 이 부박하고 처량 맞기도 한 삶이 본질적으로 감추고 있는 결곡한 신비에 대해 그는 줄곧 노래해왔다. 그의 시를 읽다 보면, 예컨대, (시의) "근육이 꿈틀거릴 때마다/흐릿해진 시간이 곱게 펴"(「다림질하는 여자」)지는 걸 느낄 수 있다. 그렇게 펼쳐진 시간은 문자가 환기하는 마음속 영상 그대로 온유하고 단아하다. 그럼에도 나는 왜 굳이 그 유려한 문자의 조직들을 살아 있는 풍광과 소리들로 치환하려 하는 것인가. 보이지도 들리지도 않는 자체로 온전히 보이고 들리는 시의 잎사귀를 쥐어뜯어 무슨 해괴한 생물로 가공하려는 것인가. 하지만 충동이란 나의 선택이 아니라, 과도하게 집중된 시간과 정황에서 삐져나온 외계의 손과도 같다. 나는 세계 바깥에서 불거져 들어와 마음의 중심축을 쥐고 흔드는 충동이 순전히 내 뜻 바깥의 사태인 양 둘러치며 촬영을 감행하기로 했다. 모든 합당한 의문들을 원고 안쪽에 꼬깃꼬깃 봉인한 채, 나는 뇌리에 새겨진 인상들을 현재의 내가 목도할 수 있는 풍광들 속에서 추인

해낼 수 있는지 스스로에게 내기를 걸었다. 그랬더니 희한하게도, 정작 시인이 느꼈던 것과는 다른 차원에서, "시집은 더 이상 넘겨지지 않았다"(「시집」). 생생하게 살아 있는 이미지를 포획하고 싶다는 욕망이 눈 밖으로 튀어나와 제멋대로 조리개를 여닫기 시작한 탓이다. 죽은 사람, 또는 영혼의 빈터만을 황량하게 버려두고 사라져버린 사람은 과연 물질로서 부활할 수 있는가.

장소는 고즈넉한 연희동 부촌(富村)과 후줄근한 모래내 주택가가 격조하게 안면을 돌리고 있는 안산 일대. 인근에 일 년 반을 살았으면서 이런 맞춤한 산책지가 있다는 걸 최근에야 알았다. 공간은 늘 이런 식으로 숨어 있다. 부러 찾지 않으면 존재하지 않는 것이나 마찬가지다. 하지만 시간은 그렇지 않다. 사람이 시간을 발견하는 게 아니라 시간이 어떤 사람의 윤곽을 떠 영원의 지류 속에 잊을 수 없는 현재를 새긴다. 그 순간, 어떤 궁극의 이미지가 출현한다. 박형준 식으로 말하면 이렇게.

아직 이 세상에 오지 않은
말 속에 손을 집어넣어봅니다
사물은 어느새
광대뼈가 툭 튀어나온 어머니
반짝거리는 외투

나를 감싸고 있는 애인

오래 신어 윤기 나는 신발

느지막이 혼자서 먹는 밥상이 됩니다

—「서시」 부분

  어쩌면 이번 촬영은 "죽은 자와도,/아직 태어나지 않은 자와도 만나는 시간"(위의 시)을 채집하려는 모험일 수도 있다. 그렇다면 "죽은 자"도 "아직 태어나지 않은 자"도 존재하지 않는 공간을 헌팅해야 하는 건 아닐까. 이 세상에 과연 그런 곳이 존재하기나 할까. 하지만 이 물음을 뒤집으면 이 세계 어느 곳이든 "죽은 자"와 "아직 태어나지 않은 자"가 공생하지 않는 곳이란 없다는 역설이 도출될 수도 있다.[1] 그렇게 골머리를 식히며 연습 삼아 스테디 캠을 이리저리 만지작거리다가 렌즈를 들이댄 풍경 저편에서

---

1) 박형준은 「무덤 사이에서」란 시에서 생과 사의 이러한 공존을 표일하게 그려 보이고 있다. 그 시를 다시 훑어본다.

  땅속 깊은 어둠 속에서 뿌리들이
  잠에서 깨어나듯이, 얼음 속의 피는
  신성함의 꽃다발을 엮을 정신의 꽃씨들로 실핏줄과 같이 흘렀다.
  지금 나는 그 징표를 찾기 위해
  벌거벗은 들판을 걷고 있다.
  논과 밭 사이에 있는 우리나라 무덤들은 매혹적이다.
  죽음을 격리시키지 않고 삶을 껴안고 있기에,
  둥글고 따스하게 노동에 지친 사람들의 영혼을 껴안고 있다.
  그렇기에 우리나라 봉분들은 밥그릇을 닮았다.

불현듯 죽은 자가 "삐걱 문을 열고 나올 것 같"(「황혼」)은 환각이 느껴졌다. 프레임 안에 담긴 풍경은 임의로 각을 잡아 떠낸 시간의 형틀과도 같다. 그 안엔 필시 허공에 거처를 잡지 못한 이미지의 유령들이 떠다닌다. 그 유령은 생시에 내가 알던 누구일 수도, 생면부지 전생의 연인일 수도 있다. 그리고 더 깊숙이 렌즈 속으로 시선을 집어넣으면 거기엔 놀랍게도 나 자신의 얼굴이 저 세상의 밀사인 양 오롯하게 떠 있는 걸 보게 된다. 이 세계의 표면들 사이의 틈을 들여다보면 저쪽 세계가 드러난다는 걸 어떤 시인들은 체험적으로 알고 있다. "개는 자신의 영혼 속을 달리고/신이 개의 영혼 속을 달"(「눈의 정글」)리듯, 사람은 시간 속을 살아가고 시간은 사람의 영혼 속에 생의 표층을 꿰뚫는 망루를 때때로 가설한다. 시를 쓰는 건 그 신기루 같은 망루에 올라 이 세계를, 생과 사를 총괄하여 조감하는 일이다. 박형준은 그 일이 잘 되지 않을 때, "책상의 컴퓨터를 끄고 방바닥으로 내려와/연필을 깎는다"(「가을밤 귀뚜라미 울음」). (이때, 돌아가신 시인의 아버지는 시인에게서 등을 돌린 채 발뒤꿈치의 굳은살을 깎고 계신다.) 가장 낮은 자리로 내려와 가장 쓸모없이 자란 물체(신체)의 잉여를 도려냄으로써 부지불식 월경(越境)하는 영혼의 놀이라는 게 있는 것이다, 이 세상에는. 그게 시인에게는 "노동의 달콤함"이자 "소박한 휴식"(같은 시)이다. 그럼으로써 "아직 어린아이였을 때 내려다보던 지하수의 푸른빛을,/추위 속에서 딴딴해진 그 꽃을"(「무덤 사이에서」) 발견하게 된다. 그러나, 그 '꽃'은 지상에 뿌리 내리지 못한 채 허공의 줄기에서 한시적으로 잎을 틔우다가 이내 공기의 얇은 틈 속으로 사라진다. 그럼으로써 누군가의 사후(死後)가 밝혀진다. 죽은 자가 산 자의 자취방 문턱에서 다홍색 혀를 낼름거리고 난 직후 망루는 흔적도 없이 가라앉는다. 시인은 다시 "맨밥에 목이 메는/스스로가 스스로를 초대한"(「휘파람」) 저녁 밥상 앞에 쭈그리고 앉게 된다. 시는 늘 한정된 시간 안에 몸과 마음을 뒤섞다 돌연 딴 세계로 등을 돌리는 이 세계의 모든 허망한 인연들을 수동태로 현시한다. 사라지고 나면 그(녀)를 겪었던 사물의 낡은 모서리들만 시드는 봄꽃처럼 아스라한 잔향으로 남는다. 그 무엇으로도 되돌릴 수 없기에 시간은 초연하고 잔인하다. 그 앞에서 사람이 할 수 있는 일이란 없다. 다만, "그녀의 옷에 묻은 찬 냄새를 기억하며" "생각날 때마다 울"(「생각날 때마다 울었다」) 수 있을 뿐이다. 그 울음의 끝에 흐릿하게 멍울져 떨어지는 마지막 물방울은 액체가 아니다. 시간의 여과기를 거친 정한(情恨)이 누군가의 또 다른 시간 속으로 떨어뜨리는 돌 부스러기, 우주의 한 끝머리를 밝히다 사멸한 영혼의 운석이다.

2

> 눈앞의 세상은 지금 그대로일 것이며,
> 어떤 행위 하나로 세상을 완전히 다르게 만들지는 못하리라.
> 그래서 우리는 향수에 잠겨 다른 우주를 몽상하게 된다.
> ―장 주네, 『자코메티의 아틀리에』

영화를 찍고 싶다는 충동은 아마 그렇게 생겨난 건지 모른다. 이를테면 한 인간의 기억과 체험 속에서 생성되고 변화한 사물의 생태를 물질의 운용 방식 그대로 물리화하고 싶다는 불가능에의 욕구. 사실, 박형준이 겪었던 공간과 인물, 그리고 특정한 사물 들은 '그때'의 '그곳'에서 '그'에 의해서가 아니면 재현 불가능하다. 나아가 설사 '그'가 '그때'의 '그곳'으로 이동하여 지나간 일들을 반복할 수 있다 하더라도 모든 감정의 디테일과 질감들은 본래의 '그것'으로 되살아날 수 없다. 사물의 기억은 하나의 정점만 갖는다. 그런데 그 정점은 무한한 분열지수를 내포하고 있다. 내가 실제로 겪어보지 않은 수십 년 전 정읍의 신작로나 기찻길, 인천의 수문통 따위는 내게 '여전한 미래의 시점'으로 재생성될 수 있는 것이다. 어떻게? 지금 내가 겪는 감정과 사건들, 그리고 그것들을 관장하는 거대한 시간의 첨탑 위에 한시적으로 올라섬으로써. 그런고로, 관건은 기억의 일차원적 복제가 아니라 전혀 다른 차원의 시공에서 물리화학적 변이를 일으키며 부지불식 평형한 위상으로 떠오르는 '미래 속의 과거'를 발굴해내는 일이다. 시인은 이렇게도 쓰고 있지 않은가.

> 새살이 돋아나는 통증인가
> 부서진 초침과 분침 들
> 부드러운 상처 속에서 뿜어져 나오는 별들로
> 또 하나의 성좌를 이룬다
> 수평선의 빛이 나에게 고통을 준다
>
> ―「저녁 빛」 부분

"상처 속에서 뿜어져 나오는 별들"은 비단 밤의 현상만이 아니다. 아직 채 뿜어져 나오지 못한 별들이 몸 안에 고여 내 몸엔 피고름 진 운석 덩어리들이 가득 들어차 있다. 나는 오후의 정점에서 타오른 빛을 카메라로 옮겨 밤의 정수리에 한꺼번에 방출할 것이다. 그러다 보면 몸속에서 낡은 거미줄처럼 늘어져 있던 "또 하나의 성좌"가 밤하늘 언저리에서 제자리를 찾아낼지 모른다. "나에게 고통을" 주었던 "수평선의 빛"들이 소리 소문 없이 내 누울 자리에 찾아와 마지막 잠을 도닥이는 옛 애인처럼 서늘하게 조도를 낮춰주길.

오후 네 시. 햇볕의 장막이 유독 두껍게 화끈거린다. 이

역시 "새살이 돋아나는 통증인가." 땀을 뻘뻘 흘리면서도 군말 없이 촬영에 동참한 스태프는 모두 세 명. 광고 일로 돈을 벌며 틈틈이 자비를 들여 단편영화도 찍는 H. 그리고 그녀가 끌어들인 조각가이자 뮤지션이기도 한 K. 그리고 또 다른 조각가 B. 모두 홍대 조소과 출신들이다. 전공이 그러한 탓인지 다들 사물의 물리적 속성과 그것들이 놓여 있는 공간 역학에 대한 통찰이 예사롭지 않다. 안산 초입 아파트 단지에서 NT3 붐 마이크로 엠비언스를 따던 K가 문득 아파트 단지 뒷담의 돌 표면을 만지작거리면서 중얼거린다.

—폴리에스테르네.

그러고 보니 산의 초입 산책로를 사이에 두고 철조망 아래 4,5미터 높이로 가파르게 깎아지른 돌담이 전부 인공 조형물이다. 답사차 왔을 때는 몰랐던 사실이다. 인간이 스스로의 안전과 허영을 위해 자연을 가공해내는 일이 새삼스러울 것도 없지만, 나는 이상한 암시를 받은 느낌이었다. 그러면서 인간의 시각적 미감이나 욕망의 생태(生態) 따위를 부감하기 위해 박제화되는 자연의 어떤 풍경들이 떠올랐다.

인터넷 떠돌다 한 마리 거미를 만난다 2천만 년 전 밀림 속을 기어 다녔던 거미가 완벽한 상태의 화석으로 발견돼 화제가 되고 있다. 거미의 나이를 확인하게 해준 결정적인 자

료는 호박 속에 있었던 한 방울의 거미 혈액. 이 거미는 2천
만 년 전 나무 위를 기어오르다 빠르게 떨어지는 송진에 머
리 부분을 맞아 죽음을 맞았다. 한 방울의 거미 혈액, 여자
가 내 손에 끼워준 보석 반지 위로 떨어진다 이젠 화석이 되
어버린 보석 반지, 바람 속 날아가던 거미 한 마리,

   자그만 창이 달린 지층의 방
   가을밤 공기
   송진처럼 별빛이 내 머리에 녹아든다
   저 투명한 거미 혈액! ──「거미 혈액」 전문

 위의 시를 새삼 복기하면서 문득, 뭔가 명확해지는 느낌이었다. 시인이 굳이 이탤릭체로 뻐딱하게 휘발시켜버린 문자들은 인터넷이나 티브이 영상에서 마주친 풍경들을 그대로 복제하고 있다. 뒤를 잇는 두 편의 시 (「코끼리 사냥철」「황제펭귄」)에서도 시인은, 마치 거기에 자신의 생의 축도(縮圖)가 긴밀하여 짜여져 있는 양, 짐승들의 생멸 방식을 그대로 모사하고 있다(이러한 작업은 시인의 첫 시집 『나는 이제 소멸에 대해서 이야기하련다』에서부터 줄기차게 반복되고 있다. 대표적으로 첫 시집에 실린 「하마」가 있다). 어쩌면 시인은 "검은 화면"(「코끼리 사냥철」) 안쪽의 세계에 갇혀 만져지지도 냄새 맡을 수도 없는 생물들의 생태에 그 자신의 기억과 욕망 따위를 투사시켜 모든 감정을

중화하려는 것인지도 모른다. 그럼으로써 더 이상 시들지도 메말라지지도 않게 되는 이승의 화석들을 영원으로 되돌리려는 것인지도 모른다. 기억은 버림으로써 지워지는 게 아니라 마음 깊숙이 심어 스스로 물기를 삼키게 함으로써 비로소 겸허한 고독의 부장물이 된다. "화석이 되어버린 보석 반지"엔 어떤 감정도 실물 그대로 남아 있지 않다. 그렇기에 그것은 오히려 선명하게 과거와 미래를 껴안으며 생의 명민한 표식으로 남는다. "인내를 알고 있는 손./서두르지 않고/허공을 반죽하며/우연을 완성으로 이루어놓은 손./손의 조형"(「손」)을 나는 기필코 완성할 수 있을까. "바람 속"으로 날아가는 "거미"의 미세한 움직임을 포착해 만물에게 통용되는 기억의 물리화학적 법칙과 생멸의 지도를 카메라 안에 담을 수 있을까.

오후 다섯 시. 실질적인 촬영 마스터이자 이미지의 설계사인 H는 시집의 마지막 부분에서 촬영의 단초를 얻는다. 이를테면 모든 구체적이고도 개인적인 정황들이 소거된 채 하나의 물리적 추상, 또는 추상적 물리의 일반적 행태와 배경 들에 초점을 맞춘다는 것이다. 그랬을 때 '너'는 만인의 대표, '나'는 만인의 허구가 된다. H는 역시 명민하다. 고백컨대, 그녀는 나의 오래전 연인이었다. 문득, 그녀에게 나는 지금 어떤 화석으로 남아 있을까, 궁금해졌다. 그러나 이내 의문을 접었다. 이미 그녀는 나의 실체를 화석으로 담고 있는 게 아닌가 싶었던 것이다. 그렇지 않고서야 어찌 기억의 유리막 안쪽에 지난 시간을 박제화하려는 내 흐리멍덩한 작의를 이토록 유연하고 명석하게 자신의 기획으로 환원할 수 있겠는가. H는 그녀 나름으로 박형준의 시를 섬세하게 오독하는 중이다. 자신만의 방식으로 시의 살결들을 매만지고 이미지의 그물을 엮어 마음의 그릇으로 빚어낼 줄 아는 게 진정한 시의 독자다.

잡으려 하면 공중에 떠 있는 돌 같고
오, 도무지 어떻게 할 수 없어 가슴을 쥐어뜯듯
손으로 파헤치면 칠흑의 땅 밑에서 뜨는 무지개

꽃은
너의 눈과 나의 눈에서 흐르는
눈물로밖에는 피워낼 수 없구나   ―「남은 빛」 부분

그저 발에 생각이 돋아나듯 걸음에 자신을 맡기고 걷기만 한다. 아, 걸음 속에는 초록이 숨어 있는가. 불안으로 가득 찬 이 어린아이가 그렇게 한 발 한 발 발을 뗄 때마다 촉촉한 푸른 피가 발걸음 속에서 솟아나와 흐르듯이 들려온다. 발걸음의 심장 소리가 들려온다.   ―「발걸음」 부분

나무 속에 웅크린 채

불이 되는 꿈에 뒤척이는가

나무 속을 헤맨 발걸음을

꽃으로 피우고

오늘 봄길을 조심조심 걷고 있는가

당신은 어디까지 흘러가는가

언제 걸어 나와 봄이 되는가

―「대지에 기도를 올리시는가」 부분

  H가 지시하는 대로 나는 햇볕을 온몸으로 받으며 아파트 뒤 산책 길을 수차례 반복해서 "그저 발에 생각이 돋아나듯" 걷는다. "아, 걸음 속에는 초록이 숨어 있는가" 공연히 애달아하며 "촉촉한 푸른 피가 발걸음 속에서 솟아나와 흐르듯이" 한참을 걷는다. 스테디 캠을 든 B가 땀을 뻘뻘 흘리며 역광으로 번지는 내 얼굴의 흐릿한 실루엣을 좇는다. 그러다가 직경 1.5미터 정도 되는 어느 돌탑을 만난다. 누군가의 허망하고도 간절한, 그러면서 왠지 잠깐의 장난질로 운명을 방기한 듯한 시간의 적체물 앞에서 H가 행동을 지시한다.

  ―돌멩이 하나 골라봐.

  나는 천천히 돌탑 주위를 돌다가 비교적 날이 서 있는 손바닥만 한 크기의 돌을 집는다.

  ―그거 들고 돌탑 뒤로 들어가서 쭈그리고 앉아.

  B의 스테디 캠은 내 오른쪽 팔의 시점으로 각도를 비틀

며 그 자신만의 조형 감각으로 내 추레한 행색을 느릿느릿, 시간 속에서 솎아낸다. 나는 가늘고 날카롭게 가지를 늘어뜨린 나뭇등걸 앞쪽에 몸을 웅크리고 앉는다. H가 B로부터 건네받은 스테디 캠을 내 얼굴에 바짝 갖다 대며 짓궂게 묻는다.

—지금 울 수 있겠어? "눈물로밖에는 피워낼 수 없"는 꽃을 피워야지.

다소 당황스런 주문이다. 못할 것도 없지만, 한 방울이 수천 방울로 번질까 심히 저어된다. 박형준의 시에 감정을 꼭지째 열고 울음을 터뜨리는 시가 있던가. 아마 없었던 것 같다. 그는 눈물이 나려 할 때, 그저 입귀를 순연하게 실룩거리며 '저곳'[2]을 바라볼 뿐이다.

—힘들 것 같은데.

—그럼 노래라도 불러봐. 궁상떨면서 잘 부르는 거 있잖아. 「동백아가씨」 같은 거.

나는 잠깐 눈을 감고 호흡을 가다듬는다. 간만에 심폐를 과하게 움직여서인지 평소보다 목울대가 개운한 느낌이다. 음색은 지친 듯 창백하게 탈색돼 있다. 나는 노래 첫

---

2) 박형준의 세번째 시집 『물속까지 잎사귀가 피어 있다』(창작과비평사, 2002)엔 이런 시가 있다. 개인적으로 참 좋아하는 시다.

쏜中이란 말/참 좋지요/중심이 비어서/새들이/꽉 찬/저곳//그대와/그 안에서/방을 들이고/아이를 낳고/냄새를 피웠으면//쏜中이라는/말/뼛속이 비어서/하늘 끝까지/날아가는/새떼　　　　　　　—「저곳」 전문

소절을 뽑는다. 「동백아가씨」가 아니라, 수달 전 만들어본 자작곡이다. 자평하건대, 슬픔에 도취하기 좋은 곡이다. 노래하는 동안 천천히 감정이 울컥거리며 달아오른다. 끝끝내 누선을 억누르며 일 절을 마친다.

—컷!

H가 회심의 표정으로 외친다. 모니터 해본 영상에 역광이 들어 얼굴은 희미하고 부스스한 머리칼이 붉은빛이다. 나이면서 내가 아니다. 다시 카메라 앞으로 돌아와 "도무지 어떻게 할 수 없어 가슴을 쥐어뜯듯/[……]칠흑의 땅 밑에서 뜨는 무지개"를 찾아 돌탑 아래 흙을 퍼내는 시늉을 한다. 이마에서 떨어진 땀방울이 손 웅덩이 속에 빠르게 묻힌다. 나무의 수액과 내 몸의 체액이 화학변화를 일으켜 혹시 정말 '무지개'가 뜰 수 있지 않을까. 허튼 생각이지만, 계속되는 동작 속에 넋을 놓고 있자니 뭔가 속에 잔뜩 뭉쳐 있던 울혈을 저 세상으로 보낸 기분이 든다. 언어는 탁하고 행동은 청명하다. 뭐, 이런 뜬금없는 문구가 날카롭게 손끝을 베고 지나간다.

3

가끔은 좌판에서 가슴에 부리를 묻고
울음을 삼키는 외로운 목조(木鳥)가

어두운 가로수 위로 날아간 날도 있었다
그녀는 아랑곳 않고 자정 너머
흐릿한 시간 앞에 펼쳐논 불행을 응시한다
집으로 돌아가는 길을 잃고 새벽을 서성이는 사람들이 몇
비로소 시무룩해진 어깨로 그녀와 그녀의 물건의 존재를 눈치챈다
그건 집으로 돌아갈 수 있는 사소한 위안의 보석이거나
한 권의 책처럼 옆구리에 끼고 다시 씌어질 생을
노래할 수 있는 소재이지만
어둠에 완벽히 적응한 그녀가 오늘도
자정 너머에 좌판을 펼쳐놓는다
가로수 위로 동이 틀 때까지

시간의 화석이 자신의 세계를 내려다보며
흐릿한 꿈에 잠겨 있다
밤의 스핑크스가 자신의 발치에 놓인 물건에서
천 년보다 더 많은 추억을 불러내고 있다
―「밤의 스핑크스」부분

 오후 여덟 시 삼십 분. 같은 장면, 같은 행동이 수차례 반복되다가 해가 질 무렵 안산 꼭대기에 올랐다. 조선 시대에 만들어진 봉수대가 저 세상을 염탐하는 안테나인 양 영험한 품새를 뽐내고 있다. 잠깐 동안 땀을 식힌 다음 H와 B는 서로 팔을 받쳐주면서 봉수대 난간에서 내려다본 서울의 야경을 크게 훑는다. 이른바 "잡으려 하면 공중에 떠 있는 돌"(「남은 빛」)의 시점이다. 돌탑에서 주운 돌을 던지고 나면 오늘 촬영은 끝난다. 그 돌은 아마도 "강물 아래로 여자가 빠뜨린 빗이/푸른 물살의 침묵을 빗어 내리"

(「꼬리조팝나무」)듯 누군가 생면부지 인연의 발밑에 떨어져 따뜻한 운석으로 만져지리라는 게 H의 설정이다. 그러니 나는 황송하게도 허공에서 별을 던지는 존재가 되는 셈이다. '인간도 아니고 인간이 아닌 것도 아닌 존재'라는 H의 기획이 그제야 명료하게 각인되었다.

사위엔 안개가 가득하고 일절 조명도 없다. 어두운 실루엣으로 봉수대 주변을 이리저리 어슬렁거리다가 돌을 집어 '저곳'을 한두 차례 훑다가 기어이 돌을 던진다. 내 손을 벗어난 돌멩이가 "울음을 삼키는 외로운 목조"처럼 허공을 오래 맴돌도록 있는 힘껏 높이 던진다. 목조의 울음을 느낀 만물이 앞으로만 달려가던 시간을 잠시 뒤통수에 두고 생물의 더 먼 지점을 가늠해보기라도 하라는 듯, 온몸에 허공을 반동시켜 던진다. 그 순간, "시간의 화석이 자신의 세계를 내려다보며/흐릿한 꿈에 잠겨 있"는 모습이 흐리마리한 의식의 경계선 위에 떠올랐다. "천 년보다 더 많은" 이 세계의 "추억"이 내 몸을 빌려 하려던 말은 끝내 무엇이었을까. 왜 시는 다른 이의 오관과 사지에서 발아해 누군가의 마음속에 전혀 다른 시간의 얼개를 까치집처럼 엮어 매달아놓는가. 그 헐거운 영혼의 빈터가 일생일대의 적소(適所)라도 되는 양 찾아드는 이미지들은 이승의 한 지점에서 가공된 염오(染汚)의 편린들인가, 사후의 구름 뒤에서 방뇨된 태초의 이슬방울들인가. 더불어, 반나절 동안의 이 허망한 작란은 육 년여 동안 곰삭은 시인의 고단한 열망을 위무하기 위한 헌정의 모험인가, 나 자신의 편벽된 기억을 포장하기 위한 치졸한 자위인가. 그러나 "자신의 발치에 놓인 물건" 앞에서 "밤의 스핑크스"는 그 어느 것도 가리키거나 설명하지 않는다. 시인의 스핑크스는 언제나 그 시를 마주한 자기 자신인 고로, 우리는 그 앞에서 그 어떤 해답도 정답이라고 내놓을 수 없다. 동시에 그 어떤 답을 내놓더라도 시는 그것을 부드럽게 수렴하고 절묘하게 탄주한다. 그러니 이 진땀 나고도 우스꽝스러운 감정의 놀이는 시인의 시들 앞에서 다시 전면적인 무(無)로 돌아가야 한다. 이 내기는 시작부터 잃기 위한 투기였고, 당하기 위한 공격이었다. 그럼에도, 또는 그렇기에, 그 실패의 황홀감만으로도 플러스 마이너스 제로가 된다. 세계가 다시 제자리다. 끔찍하기도, 경이롭기도 하다.

촬영을 마치고 우리는 짐을 챙겨 하산했다. 어두운 등산로를 이탤릭체로 삐딱하게 내리닫으며 나는 어둡게 지워지는 어느 시간의 뒤통수를 목격했다. "내 손에 와닿는 우주의 힘과 소심한 인간의 손이 팽팽하게 긴장하고 있는"(「공포를 낚다」) 여름밤의 푸르스름한 어둠 속에서 우리는 맨손으로 흙을 파 촬영한 모든 영상들을 산속에 묻기로 했다. 총 촬영 분량은 8GB짜리 메모리 카드 네 개였다. 나는 그 갓 떼어낸 시간의 화석들을 "나무 속에 웅크린 채/ 불이 되는 꿈에 뒤척이"(「대지에 기도를 올리시는가」)라고 돌탑 앞 측백나무 아래 깊숙이 묻었다. 시간이 한참 지난 어느 날, 저 스스로 살아 있는 이미지로 꽃을 피워 누군가의 "발밑으로 초록의 은밀한 추억들"(「가슴의 환한 고동 외에는」)을 상영하라며, 미련 없이 하루치의 정성과 혼란과 노역을 파묻었다. 그러고 나자 불현듯, 배가 고파졌다. 오늘 저녁엔 위장 장애 탓에 오래 참아왔던 고기를 좀 씹어야겠다. H의 얼굴에 상심인지 해갈인지 모를 서늘한 바람이 머물다 간다.

인근 고기집에서 한우불고기를 잔뜩 구워 먹고 일행들과 헤어져 집으로 돌아온다. 집 안에선 자꾸 죽어나가던 고무나무 잎사귀가 현관 앞 담 위에 올려놓으니 시퍼렇게 잎맥들을 부풀리며 가지를 뻗고 있는 모습이 새삼 눈에 잡힌다. 알고 보면 세계는 눈을 주는 순간 빛을 내는 신비의 보고(寶庫)다. "밤비에 글썽이며 빛을 내는 옹기들처럼"(「어린 시절」) 오래 문 닫아두었던 기억의 수로(水路)가 한꺼번에 밝아지는 느낌이다. 어디선가 작은 별이 떨어지는 소리가 들린 듯해 허공을 올려다본다. "들에서 돌아와 [……]/내력의 어둠과 목욕을 하"(「백 년 항아리」)는 시인과 시인의 아버지가 한 프레임으로 떠 있다. 순연한 동화 같기도, 목 메이는 멜로 같기도, 유장한 역사를 오연한 끈기로 버티는 범부들의 대하드라마 같기도 하다.

시골집에 안부 전화 안 한 지 오래되었다.